TRAITÉ

DE

MENUISERIE EN VOITURES

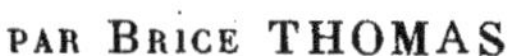

PAR BRICE THOMAS

PREMIÈRE PARTIE AVEC ATLAS DE QUATORZE PLANCHES

PARIS

CHEZ L'AUTEUR, 164, BOULEVARD HAUSSMANN

ET CHEZ TOUS LES LIBRAIRES DE LA FRANCE ET DE L'ÉTRANGER

1870

TRAITÉ

DE

MENUISERIE EN VOITURES

PAR BRICE THOMAS

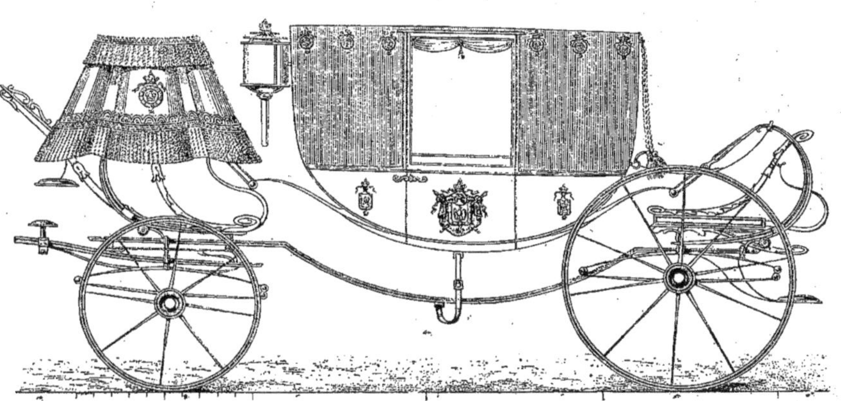

PREMIÈRE PARTIE AVEC ATLAS DE QUATORZE PLANCHES

PARIS

CHEZ L'AUTEUR, 164, BOULEVARD HAUSSMANN

ET CHEZ TOUS LES LIBRAIRES DE LA FRANCE ET DE L'ÉTRANGER

—

1870

Paris. — Imprimerie A. Lainé, rue des Saints-Pères, 19.

TRAITÉ

DE

MENUISERIE EN VOITURES

PAR BRICE THOMAS

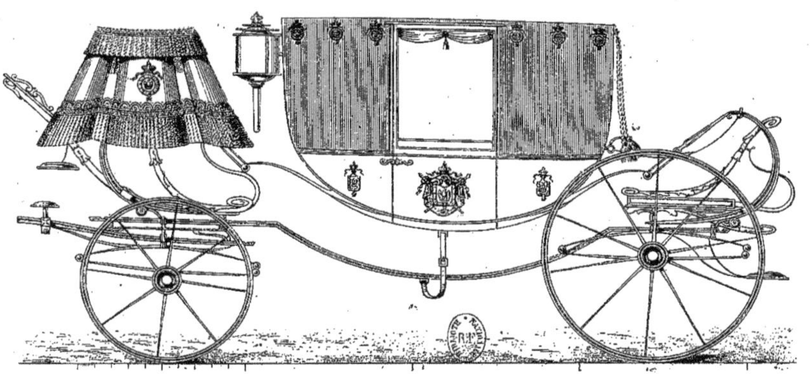

PREMIÈRE PARTIE AVEC ATLAS DE QUATORZE PLANCHES

PARIS

CHEZ L'AUTEUR, 164, BOULEVARD HAUSSMANN

ET CHEZ TOUS LES LIBRAIRES DE LA FRANCE ET DE L'ÉTRANGER

1870

AVIS.

Tout exemplaire de cet ouvrage qui ne serait pas revêtu de la signature de l'auteur sera réputé contrefait.

PRÉFACE DE LA PREMIÈRE PARTIE.

« La pratique des arts industriels, dans tous les pays avancés en civilisation, est guidée par certaines règles qu'il importe de vulgariser par un enseignement spécial, si l'on veut augmenter la puissance du travail d'une nation.

« Sans doute l'apprentissage chez un maître habile atteint en partie ce but; mais il faut que l'instruction théorique rectifie certains préjugés, mette à leur place les vérités fondamentales, et, en rapprochant les faits de leurs causes, porte les hommes à chercher les voies nouvelles dans lesquelles ces mêmes causes peuvent être utilisées.

« Cet enseignement technologique n'est nulle part organisé d'une manière complète, et c'est encore la France qui s'en est le plus occupée jusqu'ici avec le plus de succès (1). »

Il y a seulement un demi-siècle, il eût été difficile de faire comprendre aux ouvriers l'importance d'une bonne instruction théorique, même pour en faire l'application à des industries qui, comme la menuiserie en voitures, exigent des notions sur le dessin et des connaissances assez étendues dans l'art du trait. Il semblait alors au plus grand nombre, peu versé dans la science industrielle, que la pratique seule, aidée de la tradition des connaissances acquises dans les ateliers était suffisante pour former ce que l'on nomme un ouvrier instruit dans sa profession.

Mais les hommes véritablement éclairés avaient aperçu bien auparavant toutes les ressources que les sciences pourraient procurer à l'industrie. L'illustre Monge, le fondateur de la géométrie descriptive (2), dit dans son programme placé en tête de cet ouvrage : « Pour tirer la nation française de la dépendance où elle a été jusqu'à présent de l'industrie étrangère, il faut premièrement diriger l'éducation nationale vers la connaissance des objets qui exigent de l'exactitude, ce qui a été totalement négligé jusqu'à ce jour... Il faut, en second lieu, rendre populaire la connaissance d'un grand nombre de phénomènes naturels indispensables aux progrès de l'industrie. »

Et plus loin, où il indique les ressources fécondes que peut procurer la géométrie descriptive :

« C'est d'abord en familiarisant avec l'usage de la géométrie descriptive tous les jeunes gens qui ont de l'intelligence, tous ceux qui ont une fortune acquise, afin qu'un jour ils soient en état de faire de leurs capitaux un emploi plus utile, et pour eux et pour l'État, que ceux même qui n'ont d'autre fortune que leur éducation, afin qu'ils puissent un jour donner un plus grand prix à leur travail.

« Cet art a deux objets principaux :

« Le premier est de représenter avec exactitude, sur des dessins qui n'ont que deux dimensions, les objets qui en ont trois, et qui sont susceptibles de définition rigoureuse.

« Sous ce point de vue, c'est une langue nécessaire à l'homme de génie qui conçoit un projet, à ceux qui doivent en diriger l'exécution, et enfin aux artistes qui doivent eux-mêmes en exécuter les différentes parties.

« Le second objet de la géométrie descriptive est de déduire de la description exacte des corps tout ce

(1) Extrait du rapport de M. le général Morin et de M. Tresca, directeur et sous-directeur du Conservatoire impérial des arts et métiers de Paris, sur l'enseignement industriel, inséré dans les rapports des membres de la section française du jury international de l'exposition universelle de Londres, en 1862, tome VI, page 186.

(2) La première édition de la Géométrie descriptive de Monge a été publiée en un volume en 1799.

qui suit nécessairement de leurs formes et de leurs positions respectives. Dans ce sens, c'est un moyen de rechercher la vérité, elle offre des exemples perpétuels du passage du connu à l'inconnu, et parce qu'elle est toujours appliquée à des objets susceptibles de la plus grande évidence, il est nécessaire de la faire entrer dans le plan d'une éducation nationale. Elle est non-seulement propre à exercer les facultés intellectuelles d'un grand peuple et à contribuer par là au perfectionnement de l'espèce humaine, mais encore elle est indispensable à tous les ouvriers dont le but est de donner aux corps certaines formes déterminées : et c'est principalement parce que les méthodes de cet art ont été jusqu'ici trop peu répandues, ou même presque entièrement négligées, que les progrès de notre industrie ont été si lents. »

C'est avec intention que j'ai cité ici cette belle page de Monge : la géométrie descriptive est précisément la science qui renferme toutes les théories relatives aux notions sur le dessin et aux connaissances sur l'art du trait qu'il importerait non-seulement à tous les menuisiers en voitures de connaître, mais encore à tous ceux qui sont appelés à diriger la construction des voitures.

Depuis un demi-siècle les idées se sont profondément modifiées dans le monde industriel. Les faits, comme il arrive toujours, ont fini par convaincre les plus incrédules. La science a fait faire de nos jours des progrès si rapides, si merveilleux à l'industrie, que les espérances des plus enthousiastes sur son application ont même été dépassées. Les expositions universelles, en nous montrant cette prodigieuse quantité de produits où la science est appliquée à l'industrie, ont fait dire à nos savants et à nos économistes : « Ce n'est pas seulement à l'aide de sa force physique que l'homme agit sur la nature, c'est surtout à l'aide de son intelligence, à l'aide des découvertes qui s'accumulent dans les diverses sciences, dans les méthodes perfectionnées que les générations successives se transmettent.

Les fondateurs de l'École centrale des arts et manufactures disaient déjà en 1835 : « Il y a soixante ans l'industrie avait devancé les sciences, aujourd'hui les sciences dominent et maîtrisent l'industrie. L'industrie est maintenant une application des sciences, et l'étude de celles-ci faite à un point de vue pratique rend évidemment propre à devenir industriel. »

Une des causes les plus caractéristiques et qui contribuent le plus puissamment au développement de la production industrielle, c'est d'en faire profiter tout le monde, producteurs et consommateurs. Je lis, dans le rapport mentionné plus haut, de M. le général Morin et de M. Tresca, à la page 208 :

« Dans l'ancienne société celui qui naissait dans une humble condition sociale était fatalement destiné à y vivre et à y mourir ; l'apprentissage suffisait pour donner un moyen de ne pas mourir de faim, mais on n'avait nul souci de cultiver de bonne heure l'intelligence, nul intérêt à faire naître des aptitudes et des aspirations auxquelles toute carrière était refusée.

« Une grande commotion sociale a fait disparaître cet ordre de choses : chacun aujourd'hui a le droit de faire mieux que par le passé ; chacun a le droit de travailler à son bien-être personnel, en travaillant au bien-être de tous, *et la nation la plus grande dans l'avenir sera celle qui, en élevant le niveau des connaissances humaines, aura en même temps fait surgir de toutes les classes de la société les progrès industriels les plus marqués, les moyens de production les plus rapides et les plus économiques.* »

Puisqu'il est parfaitement reconnu aujourd'hui de toutes les classes de la société que le bien-être de tous se trouve amélioré en raison de l'augmentation de la puissance productive, que l'un des principaux éléments de cette puissance est due à l'application des sciences à l'industrie, il n'y a donc plus qu'à chercher les moyens les mieux appropriés pour répandre ces connaissances avec toute la diffusion possible, afin d'en faire bénéficier tous ceux qui sont appelés à les appliquer : aussi bien celui qui crée un produit ou qui en dirige l'exécution que ceux qui en exécutent les différentes parties.

C'est en me plaçant à ce point de vue, pour la construction des voitures, que j'ai élaboré ce traité dont je présente aujourd'hui la première partie. Je vais examiner d'abord ce que l'on a fait jusqu'ici dans cette industrie pour l'instruction professionnelle, et je vais indiquer, selon moi, ce que l'on pourrait faire actuellement pour l'augmenter s'il est possible et lui donner une meilleure direction. J'exposerai ensuite le plan de cet ouvrage, qui, pour la menuiserie en voitures, est le premier où les notions de dessin sont enseignées par la méthode des projections, et où la pratique de l'art du trait est classée systématiquement et résolue par les méthodes de la géométrie descriptive.

Il y a eu jusqu'ici dans l'industrie de la voiture deux corps d'état qui ont eu, en dehors des ateliers, des cours le soir pour leur instruction professionnelle : ce sont les menuisiers en voitures et les charrons. Ces cours sont professés par les ouvriers de la même spécialité qui enseignent aux autres ce qu'ils ont appris dans des cours semblables ou dans la pratique de leur industrie, mais qui jusqu'ici, n'ayant eux-mêmes nulle connaissance des procédés de la géométrie descriptive, n'ont fait que d'enseigner les moyens qu'ils mettent en œuvre dans la pratique. Ainsi, dans la menuiserie en voitures, ils commencent par considérer les caisses les plus simples, telles que tilburys, phaétons...— et ils finissent par les plus complexes, telles que celles de coupés, berlines, landaus... Le professeur démontre, pour chaque caisse et pour chaque pièce de bois dont elle se compose, la manière de procéder pour déterminer leur forme, leurs dimensions et les assemblages. Dans ce mode d'enseignement, les opérations, comme on voit, varient en raison de la forme des caisses et des bâtis qui les composent, mais il n'y a entre ces opérations aucune corrélation. Si bien que la science du trait, enseignée dans ces conditions, n'a ni commencement ni fin. C'est une succession de faits isolés entre lesquels on n'aperçoit aucun lien systématique.

On peut comparer cet enseignement à celui qui, en arithmétique, au lieu d'exposer le système de la numération et les opérations fondamentales de cette science, consisterait à faire une suite de problèmes où l'addition, la soustraction, la multiplication et la division se succéderaient dans un ordre quelconque.

Parmi les questions relatives à l'art du trait, qui se présentent dans les applications, il y en a de très-simples, dont l'évidence apparaît immédiatement : pour les faire comprendre, il suffit de les énoncer; mais il en est d'autres plus ou moins complexes qui ne peuvent être justifiées que par le raisonnement. Les unes ne peuvent être démontrées directement, et pour les faire comprendre il faut procéder par déduction; les autres se composent d'opérations simples quand on sait les analyser, le raisonnement consiste à montrer leur ordre de succession pour arriver à l'opération finale. La construction des faces planes dans leur grandeur et des angles dièdres, traitée aux articles 89 à 172, nous en offre des exemples.

Les démonstrations relatives aux opérations complexes n'ont jamais été exposées d'une manière satisfaisante dans les cours que je mentionne. Faute de moyens de déduction ou d'analyse, les professeurs se sont souvent trompés eux-mêmes sans s'en apercevoir; et ne pouvant justifier ces opérations par le raisonnement, ils les présentaient à l'élève comme si l'évidence en eût été manifeste, en lui disant : *Faites comme cela, et ça ira bien.* Ce raisonnement n'est pas de nature à convaincre tout le monde, il laisse un doute dans l'esprit de l'élève, que les erreurs commises ont d'ailleurs souvent justifié.

Les lacunes mentionnées plus haut ne sont pas les seules qui existent dans ces cours. Il en est une autre plus importante qui consiste dans les acceptions données aux éléments que la géométrie considère. Dans toutes les opérations relatives à l'art du trait, le plan est certainement l'élément principal; il importe de le concevoir dans les deux acceptions qui lui sont données en géométrie. Dans l'une, le plan est une surface imaginaire qui n'existe que par sa définition; on s'en sert pour faire concevoir, dans les solides, des sections qui servent à déterminer la position des points, la forme et la position des lignes d'opération ou d'intersection de surfaces que l'on considère. Ces plans sont toujours indiqués de position par des lignes tracées sur les plans de projection. On en trouvera une application aux articles 115 et suivants, à la solution d'une surface plane. Dans l'autre acception, le plan est la représentation d'un objet en grand ou en petit, faite en conservant à toutes les parties les rapports de grandeurs qu'elles ont réellement. C'est seulement sous cette dernière acception que le plan a été considéré jusqu'ici, dans les cours en question.

Dans cet exposé, je n'entends point adresser une critique aux menuisiers qui, dans l'industrie de la voiture, sont certainement au premier rang sous le rapport de l'instruction professionnelle. Je n'entends point critiquer non plus les professeurs; ce serait mal reconnaître les services qu'ils ont rendus à cette industrie, car les lacunes que j'ai signalées existent bien plus dans le raisonnement que dans les applications. Parmi ceux qui ont enseigné il en est qui, sans être guidé par la science, géomètres par nature plutôt que par instruction, doués d'un sens pratique prodigieux, sont parvenus de degré en degré, par leurs investigations persévérantes, à la découverte de plusieurs procédés géométriques; et, dans quelques cas, ils ont donné des méthodes pour la solution de surfaces régulièrement irrégulières, vraiment intéressantes, tant au point de la régularité que de la célérité avec laquelle on les obtient. Aussi je me ferai un véritable plaisir de citer leurs noms en signalant leurs méthodes. Mais ce qu'il importait également de faire apercevoir, c'est que tous ces matériaux, apportés successivement par les uns et par les autres, ne constituent pas encore un édifice. Il faut pour cela qu'ils soient rangés, classés et mis en ordre; il faut en outre ajouter ceux qui manquent et coordonner le tout : c'est là surtout le but que je me propose d'atteindre dans cet ouvrage.

Il me reste maintenant, dans la marche que j'ai suivie pour ordonner la matière, à exposer les raisons qui m'ont guidé. En voici le résumé :

1° Mettre cet ouvrage à la portée de tous les industriels de la carrosserie, aussi bien de celui qui crée le produit et qui en dirige l'exécution que de l'exécutant;

2° N'emprunter à la géométrie élémentaire que les définitions et les propositions absolument indispensables pour la lecture des opérations de la géométrie descriptive;

3° De même, ne prendre dans la science descriptive que ce qui est rigoureusement nécessaire pour les notions de dessin et la partie de l'art du trait applicable à la menuiserie en voitures;

4° Faire suivre autant que possible chaque démonstration d'une application qui en fasse connaître l'importance et l'utilité;

5° Classer les opérations suivant leur nature, dans un ordre méthodique en partant des plus simples;

6° Diviser l'ouvrage en trois parties, de façon néanmoins que la première se suffise à elle-même, que la première et la seconde se suffisent également.

Quoique beaucoup d'ouvriers, aujourd'hui, ont acquis quelques notions de géométrie élémentaire et de dessin, pour mettre cet ouvrage à la portée de tous, je ne suppose pas d'autres connaissances que la lecture. J'ai en conséquence inséré dans cette première partie : 1° un petit glossaire pour définir quelques mots, afin que le lecteur ne soit pas obligé de recourir à des dictionnaires qui, en les présentant sous des acceptions propres et figurées, pourraient induire en erreur; 2° les définitions et les propositions, en très-petit nombre, que l'on trouve dans la géométrie élémentaire, mais qui sont nécessaires comme introduction à la géométrie descriptive. Je n'ai pris non plus dans cette dernière que ce qui est indispensable à mon sujet. Les savants qui ont écrit sur cette science en ont fait une géométrie générale qui, comme la géométrie analytique, s'étend à toutes les régions de l'espace et à tous les corps susceptibles d'une définition rigoureuse. Ils supposent l'espace divisé par deux plans rectangulaires qui forment quatre angles droits; et chaque angle donne lieu à des considérations particulières pour projeter les éléments qui s'y trouvent placés.

Dans un ouvrage comme celui-ci, qui traite d'objets dont les dimensions sont finies et circonscrites en un tout petit espace, un seul angle droit formé par deux plans suffit pour la solution de toutes les questions qui peuvent se présenter. Il m'arrive quelquefois, seulement dans les rabattements et lorsque le cadre de l'épure n'est pas assez grand, de supposer les plans de projection prolongés au-delà de leur ligne d'intersection; mais cette circonstance n'apporte aucun changement dans le mode de représentation, sauf que toutes les lignes cachées par un plan de projection sont représentées en points ronds.

Dans la méthode relative à la représentation des corps, la géométrie descriptive comprend la théorie des ombres et de la perspective. Comme je n'entreprends point de former ici des dessinateurs, je n'emprunte à cette méthode que ce qui est rigoureusement nécessaire à l'art du trait : la représentation, par de simples lignes, des intersections de surfaces des objets. Dans quelques endroits je teinte quelques surfaces, mais c'est seulement pour parler à la vue, afin de mieux faire comprendre leur position.

Quoique les caisses soient composées de surfaces coniques, cylindriques, sphériques..., il n'est pas nécessaire de traiter ici toutes les affections que présentent les intersections de ces surfaces comme elles le sont en géométrie descriptive. Je n'exposerai dans la seconde partie que les considérations qui me paraissent indispensables à la construction des caisses.

Les ouvrages classiques, disposés pour l'enseignement universitaire, considèrent les éléments de la géométrie : les lignes, les surfaces et les solides, abstraction faite de leur application; et la théorie présentée à ce point de vue se nomme pure ou rationnelle. Les propositions sont graduées en partant des éléments les plus simples et démontrées par le raisonnement.

Dans cette première partie j'ai gradué les propositions en partant aussi des éléments les plus simples; mais après la démonstration par le raisonnement, j'en fais immédiatement une application pratique à l'un des objets que je suppose le mieux connu du lecteur. C'est ainsi que, après avoir exposé la méthode des projections, j'en fais l'application pour représenter une caisse de phaéton. Tous ceux qui, comme moi, ont l'habitude d'enseigner à des ouvriers savent que l'explication d'un fait matériel réussit toujours mieux à frapper leur intelligence que la démonstration même la plus simple. Mais ce qu'il importe de faire remarquer aussi, c'est que l'explication du fait matériel doit seulement servir comme moyen d'enseignement et jamais comme but. En voici la raison : Si dans l'opération, le lecteur ne porte son attention que sur le fait matériel isolé dont on s'est servi pour frapper son intelligence, comme il est possible de présenter une suite de faits à l'infini, à la solution desquels les mêmes opérations et les mêmes méthodes pourraient être appliquées, il est bien évident : 1° que plus on présenterait de faits, moins il serait facile de les retenir; 2° que quel que fût le nombre d'applications que l'on pût faire d'une méthode, on ne les épuiserait jamais toutes, et, considéré sous ce rapport, un ouvrage serait toujours incomplet.

Ce que j'avance ici a une importance capitale; pour le faire comprendre je vais citer un exemple : La solution de l'angle dièdre est l'opération la plus complexe que l'on rencontre dans l'art du trait. J'ai présenté, sur cette matière, de l'article 153 à l'article 156 trois méthodes qui peuvent être employées pour résoudre tous les cas que l'on rencontre dans la pratique. J'ai exposé pour chacune la marche à suivre qui lui est propre; j'ai en outre démontré, dans l'application des deux premières méthodes, les trois particularités qui peuvent se présenter lorsque l'angle formé par les deux droites menées jusqu'aux traces des faces par un point de l'arête et perpendiculairement à cette arête comprend : 1° l'angle dièdre, dans ce cas les deux droites sont dans les faces; 2° l'angle opposé à l'angle dièdre, dans ce cas les deux droites sont dans le prolongement des deux faces; 3° enfin l'angle supplémentaire, alors l'une des droites se trouve sur l'une des faces et l'autre droite dans le prolongement de l'autre face. J'ai fait l'application de ces trois méthodes et mis en évidence ces trois particularités sur un pied de tréteau et un pied de phaéton; puis, à titre d'exercice, j'ai fait l'application des mêmes méthodes à la solution de l'angle dièdre d'une aile de cabriolet et d'un brancard de landau.

Ce n'est certainement pas sur ces pièces de bois que je cherche à attirer l'attention du lecteur, je laisserais supposer que ce sont les seules qui, dans la menuiserie en voitures, donnent lieu à la solution de l'angle dièdre; mais bien sur les trois méthodes, et les trois particularités que les deux premières présentent dans l'application. Les pièces de bois sont choisies comme objets parmi ceux que je suppose les mieux connus du lecteur, et comme moyen, afin de soulager son attention, laquelle doit se concentrer tout entière sur le raisonnement qui indique, pour chaque méthode et chaque particularité, la manière de résoudre l'opération et l'ordre suivant lequel il faut procéder.

L'un des savants qui ont traité de la géométrie descriptive, M. Hachette, a fait remarquer ceci : La solution d'un problème quelconque de géométrie descriptive consiste à trouver un ou plusieurs points de l'espace, d'après certaines conditions qui déterminent la position de ces points. Toutes les opérations graphiques qui conduisent à la solution du problème proposé n'offrent jamais que la répétition de celles qui sont nécessaires pour résoudre les deux questions suivantes :

PREMIÈRE QUESTION.

Trouver la distance de deux points, ou la longueur d'une droite dont on a les projections sur deux points rectangulaires.

DEUXIÈME QUESTION.

Une droite étant donnée par ses deux projections sur deux plans rectangulaires, trouver les projections du point d'intersection de cette droite et d'un troisième plan dont la position, par rapport aux deux premiers, est aussi donnée?

La méthode qui conduit d'une manière générale à la solution de la première question est exposée à l'article 85. Celle qui conduit, en partie du moins, à la solution de la seconde, est traitée à l'article 161. La solution de toutes les constructions graphiques des épures qui se présenteront dans la menuiserie en voitures n'offriront que la répétition des opérations qui ont servi à résoudre les questions proposées dans ces deux articles.

Bien que la solution de toutes les questions puisse être ramenée à ces deux opérations simples, il ne faudrait pas croire néanmoins que les difficultés de la géométrie descriptive sont nulles. Mais celles que l'on rencontrera dans cet ouvrage seront considérablement aplanies lorsque le lecteur comprendra bien la position des plans de projection tels qu'ils sont définis à l'article 44, et la manière de projeter les objets sur ces plans dont j'ai fait une application à l'article 62. Il ne s'agit plus ensuite que de s'attacher aux méthodes indiquées pour la solution des questions.

J'ai donné sur les rabattements et les rotations un grand nombre d'exemples, et pour que chacun se suffise en quelque sorte à lui-même. Je n'ai pas trop procédé par déduction. J'ai insisté beaucoup sur ces opérations, parce que je les regarde comme la partie fondamentale des solutions de toutes les questions.

Malgré toutes ces précautions, je préviens le lecteur, surtout celui qui n'est pas préparé par quelques notions de géométrie, que ce n'est pas après une simple lecture que l'on comprendrait les méthodes exposées dans cet ouvrage, surtout dans la première partie. Non-seulement il faut lire plusieurs fois les mêmes articles avec attention, mais encore il est nécessaire de dessiner les figures afin de s'exercer soi-même à résoudre les opérations, surtout celles qui sont exposées de l'article 84 à l'article 172.

J'engage également les professeurs qui tiennent des cours le soir de faire dessiner quelques-unes des figures dans l'ordre méthodique où elles sont présentées ici. Pour ceux des élèves qui ne sont point préparés par des notions de géométrie élémentaire, il sera bon, pour la première partie, de faire dessiner les figures de 1 à 30, et de faire écrire sur chaque figure le nom des éléments qui la composent. Ensuite, pour tous les élèves sans exception, on fera dessiner la figure 47 qui donnera une idée générale de la méthode des projections, et l'on attirera leur attention sur l'article 63. Puis pour les opérations dont l'objet est de construire dans leur grandeur les lignes droites, les surfaces planes et les angles dièdres, on fera dessiner toutes les figures marquées de 57 à 71. On peut se dispenser de dessiner les figures qui ne sont point mentionnées dans cette nomenclature, elles ont été données seulement pour faire comprendre les méthodes des projections, des rabattements et des rotations.

Avant d'opérer les rabattements, les rotations et les changements de plans de projection, il est nécessaire de marquer tous les points que l'on considère, en employant un système de notation comme celui qui est indiqué à l'article 60, c'est-à-dire que toutes les projections d'un même point ou le point lui-même soient marqués par la même lettre de l'alphabet, que l'on affecte d'accents ou d'indices différents pour chaque projection ou chaque position différente d'un même point.

Les notations jettent une grande clarté dans le dessin; non-seulement elles facilitent considérablement la lecture d'une épure, mais encore elles empêchent de commettre des erreurs, par la raison que toutes les positions, toutes les projections d'un point sont reliées, deux à deux, sur les plans de projection, par des lignes d'opération perpendiculaires aux intersections des plans de projection et aux axes de rabattement ou de rotation.

DIVISION DE L'OUVRAGE.

La première partie contient : 1° les éléments de la géométrie élémentaire nécessaires comme introduction à la méthode des projections et à l'art du trait; 2° un exposé de la méthode des projections et son application à la représentation des corps; 3° l'exposé des méthodes relatives à la solution des problèmes sur les lignes droites, les surfaces planes et les angles dièdres. Ces éléments renferment les principales difficultés que les menuisiers en voitures rencontrent dans la pratique.

La deuxième partie contiendra des notions générales : 1° sur les dimensions usuelles des caisses; 2° sur la génération des surfaces courbes pour toutes les caisses; 3° sur le montage des voitures; 4° sur les assemblages; 5° enfin sur la construction des caisses et les bâtis qui les composent.

La troisième partie contiendra des notions sur les essences des bois, sur la manière de les débiter, de les emmagasiner, enfin sur l'outillage.

AVANT-PROPOS

La menuiserie en voitures embrasse cette partie en bois de l'art du carrossier que l'on désigne sous les noms de *caisse* et de *coffre* dans les voitures de luxe et de service public particulièrement destinées aux transports des personnes.

La construction d'une voiture de luxe ou de service public peut être divisée en deux parties : la caisse et le train. La caisse est destinée à contenir les personnes et les objets que, dans certains cas, elles emportent avec elles. Le train est composé d'organes destinés à transporter la caisse d'un lieu à un autre. L'une de ces parties, la caisse, peut varier considérablement de forme en raison des besoins particuliers, de l'âge, du sexe, de la fortune, du goût, de la fantaisie des personnes, des localités, des saisons, des climats, des distances à parcourir, des objets à transporter, etc. Le train, au contraire, reste à peu près invariable : ses organes de traction, composés de roues et d'essieux ; ceux de suspension, composés de ressorts et les freins mécaniques destinés à neutraliser les effets de la gravitation dans les descentes rapides, sont des pièces de mécaniques remplissant constamment les mêmes fonctions, et dont la forme, devant surtout être étudiée au point de vue de la solidité, reste presque toujours la même.

Les dimensions du train étant en outre basées sur celles de la caisse, on peut avancer qu'un ouvrage qui traite de celle-ci comporte au moins les trois quarts d'un traité sur la construction des voitures en général.

Nous avions d'abord l'intention de traiter la construction des voitures dans un ouvrage unique, dont la méthode aurait d'ailleurs été la même que celle qu'il nous faut suivre ici, car, dans ce cas, il eût fallu également commencer par la menuiserie ; mais après mûres réflexions nous nous sommes décidé à traiter séparément les deux parties de la construction des voitures, nous conformant en cela aux divisions qui sont adoptées depuis longtemps dans la pratique.

La menuiserie en voitures peut aussi être divisée en deux parties : l'une *pratique*, renfermant les éléments variables de formes et de grandeurs, pouvant changer avec les besoins et les goûts. C'est cette partie qui nous fournira toutes les *données* premières. L'autre, *théorique*, renferme : 1° les moyens de représenter avec exactitude, sur une surface qui n'a que deux dimensions, tous les objets qui en ont trois et dont les formes peuvent être définies ; cette première partie de la théorie est appelée *art de représenter les corps ;* 2° les moyens de déduire à l'aide des figures ainsi représentées la grandeur et la forme de toutes les parties ; cette dernière est appelée *art du trait* ou *stéréotomie*.

Ce traité n'est point le premier qui paraît sur cette matière, il en existe un, très-peu connu dans la carrosserie, mais qui ne mérite pas moins ici une mention toute spéciale en raison de son importance et des soins avec lesquels il a été rédigé ; c'est celui de Roubo, publié à Paris, il y a près d'un siècle (en 1771) et faisant partie d'un ouvrage sur la menuiserie en général, le bâtiment, la voiture, l'ébénisterie, la marqueterie et le treillage. Cette œuvre de Roubo est encore fort estimée de nos jours dans toutes les branches qu'elle traite. La partie théorique (art du trait) y est très-bien exposée, non pas avec cette simplicité et cette clarté méthodique que l'on trouve actuellement dans les ouvrages, inspirés par le génie de Monge, mais avec la méthode connue à l'époque par les plus savants.

Roubo était fils d'un menuisier en bâtiment, et la partie de son ouvrage qui traite de cette industrie prouve qu'il la connaissait dans toute son étendue. La partie de la menuiserie en voitures laisse aussi peu à désirer, et si Roubo n'avait pas déclaré dans son œuvre qu'il y était étranger, que pour la traiter il avait dû avoir recours aux hommes de la spécialité, on pourrait très-bien croire, d'après les détails et les renseignements qui y sont accumulés, que l'auteur était, au contraire, très-familiarisé avec cette industrie.

Roubo commence son traité de menuiserie en voitures par un précis historique de l'industrie du carrossier ; il donne une description sommaire des *chars*, *chariots*, *litières....* en usage chez les Égyptiens, les Grecs, les Romains. Puis, arrivant à l'époque de la Renaissance, d'où date l'origine des premières voitures en France, il fait une description très-détaillée des *coches* et *carrosses*, et de leur transformation depuis François Ier jusqu'à la fin du règne de Louis XIV. Ensuite il analyse les voitures de son temps, donne les dimensions principales des caisses, indique une méthode pour déterminer leurs contours et les opérations que comportent la construction de tous les accessoires et le tracé des bâtis. Enfin il termine son traité par une description des divers usages de toutes les voitures de cette époque.

Roubo, examinant les procédés d'exécution des menuisiers en voitures, ses contemporains, en indique les erreurs et y substitue une méthode sûre, qui ne fut point pratiquée alors, car en 1839, à Paris, on suivait encore les errements que cet auteur avait justement critiqués.

Aux connaissances théoriques qu'il possédait à un très-haut degré, Roubo joignait celles que donne une longue expérience. Il avait prévu des changements qui devaient être apportés plus tard dans la menuiserie en voitures, et le temps a pleinement justifié ses prévisions.

Les cinquante planches illustrant son traité, et contenant, outre toutes les épures utiles aux démonstrations, les principales voitures en usage depuis Henri IV jusqu'en 1771, ont été dessinées et gravées par lui. Ces planches sont d'une exécution parfaite et bien supérieures aux planches analogues sur les voitures qui ont été publiées à la même époque dans les dictionnaires encyclopédiques et les recueils sur les arts et les sciences. Il y a surtout un grand carrosse, une diligence (coupé), une berline et une calèche qui sont d'une exécution parfaite comme proportions et agencement de lignes; de plus elles sont ornementées avec toute la richesse du style Louis XV.

Croira-t-on de nos jours que, malgré son mérite et les services qu'il aurait évidemment rendus, le traité de menuiserie en voitures de Roubo ne fût point connu alors dans cette industrie. D'après les renseignements que nous tenons de bonne source, le premier exemplaire de cet ouvrage connu à Paris dans la menuiserie en voitures fut acheté par Pellier aîné, menuisier en voitures, en 1842, soixante et onze ans après sa publication. Alors plusieurs des procédés d'exécution démontrés dans ce traité étaient connus, ils avaient été enseignés par M. Zablot, au mois d'août 1839.

Il serait peut-être téméraire de faire des conjectures sur les causes qui ont empêché l'œuvre de Roubo de pénétrer dans la bibliothèque du carrossier et surtout du menuisier en voitures. Était-ce le prix trop élevé de cet ouvrage (qui a dû être au moins de 150 francs lors de sa publication) ou l'ignorance des industriels de la carrosserie à cette époque? C'est peut-être l'un et l'autre. Si Roubo avait publié séparément son traité de menuiserie en voitures, et que le prix en eût été abordable, on l'aurait évidemment connu plus tôt, et cet ouvrage eût contribué certainement aux progrès de la carrosserie. Tandis qu'à l'époque où il a été connu la méthode descriptive aussi bien que l'industrie du carrossier avaient été tellement transformées, que ce recueil ne pouvait plus guère intéresser que les érudits.

Au point de vue historique (1), le traité de menuiserie en voitures de Roubo restera toujours un ouvrage d'un grand mérite; il nous donne d'abord une description très-détaillée sur la construction des voitures depuis leur origine en France jusqu'à l'époque de sa publication. Il nous apprend ensuite que la carrosserie parisienne était très-florissante à la fin du règne de Louis XV, et qu'elle devait évidemment occuper le premier rang dans le monde.

(1) Il existe un ouvrage de M. D. Ramée, édité en 1856, sur l'*Histoire de la locomotion* depuis les temps les plus reculés jusqu'à nos jours, qui nous dispense de donner ici un précis historique sur l'industrie du carrossier. L'ouvrage de M. D. Ramée se vend 3 fr. 50 en librairie.

Cependant quelques modes anglaises étaient déjà venues s'introniser chez nous, notamment les coupés (que l'on nommait alors diligences) à peu près semblables à nos grands coupés de ville. Roubo en témoigne son étonnement et même son indignation. Voici ce qu'il dit page 518 de son traité :

« Les caisses des voitures nommées *anglaises* sont des espèces de berlines et de diligences (coupés), mais plus souvent des diligences que des berlines. Ces voitures diffèrent de celles à la française, en ce qu'elles ont moins de renflement, qu'elles ne sont point cintrées sur le côté, où elles n'ont qu'un peu d'évasement, et qu'elles sont moins cintrées et ont moins de hauteur que ces dernières (1). Ces voitures n'ont point de glace de custode ni même de montant de crosse apparents, et la glace de devant est divisée en deux parties qui coulent indépendamment l'une de l'autre, étant divisées par un montant, derrière lequel est placé un coulisseau double. »

« Les voitures anglaises sont très à la mode à présent, et je ne sais trop pourquoi, vu qu'elles n'ont ni une belle forme ni aucune grâce, ressemblant plutôt à un coffre percé de plusieurs trous qu'à une caisse de voiture; mais il suffit que l'invention de ces voitures nous vienne d'Angleterre pour que tout le monde en ait ou veuille en avoir, comme s'il existait quelque loi qui nous obligeât d'être les serviles imitateurs d'une nation rivale de la nôtre, et qui, quoique très-respectable et imitable à bien des égards, ne pourra jamais l'être pour des ouvrages de goût en général et surtout pour la partie dont je traite. »

Il est bon de faire remarquer ici que, dès cette époque, les voitures anglaises se distinguaient déjà par une grande simplicité de construction. Sous ce rapport elles devaient singulièrement constraster avec les voitures françaises ornementées partout. Au point de vue de l'entretien journalier, les premières étaient certainement préférables aux secondes, et cette seule raison suffisait pour expliquer leur vogue.

Nous avons sous les yeux un traité sur la construction des voitures, qui n'est au fond qu'un prix courant, publié en 1796 par William Felton, fabricant de voitures à Londres. Cet ouvrage est illustré d'un grand nombre de voitures, dont les caisses, à part la forme de quelques parties, sont absolument exécutées comme celles de nos jours. Les panneaux sont encadrés par de simples moulures où il y a seulement un petit listel carré comme on les fait généralement aujourd'hui. Quant à la forme, on remarque dans ce traité quelques modèles style Louis XV; ce qui prouve que si les Français se sont quelquefois inspirés de leurs voisins d'outre-Manche, ceux-ci en font bien autant de leur côté.

Le traité de Roubo et le prix courant de William Felton

(1) Probablement parce que les caves étaient très-hautes.

nous amènent jusqu'à la révolution française, qui marque pour les progrès de notre carrosserie un temps d'arrêt considérable. Cette industrie, comme beaucoup d'autres, de luxe, fut alors totalement délaissée. La reprise n'eut lieu qu'à l'avénement du gouvernement impérial, avec quelques vieux vétérans qui, sans doute, avaient plus oublié qu'appris. Le premier empire, comme on sait, fut plus occupé à forger des canons qu'à faire construire des voitures, et cette industrie, du premier rang qu'elle occupait sous Louis XV, descendit au moins au quatrième. La carrosserie anglaise s'exerçant dans un pays alors privilégié par sa situation géographique et par les débouchés que lui assurait l'empire des mers, continua de se développer et se trouva naturellement placée en première ligne. Venaient ensuite la Haye, Bruxelles.... Ces deux villes avaient encore en 1830, pour l'industrie de la carrosserie, une plus grande renommée que Paris.

C'est seulement à partir de 1830 que la carrosserie parisienne commença insensiblement à regagner le terrain qu'elle avait perdu depuis 1790. La menuiserie en voitures cependant ne fit point alors de grands progrès ; elle continua, pour ses procédés d'exécution, de marcher dans l'ornière de la routine. Nous avons sous les yeux deux planches d'épures de caisse exécutées par un menuisier professeur nommé Dupuis, qui, en 1830, donnait des leçons le soir après sa journée et qui passait pour un des plus habiles dans l'art du trait. Ces planches démontrent jusqu'à l'évidence que non-seulement leur auteur ne connaissait pas le trait, mais qu'il en ignorait même les premiers éléments. La méthode qu'il enseignait a été à peu près pratiquée partout par les plus évancés ; elle donnait pour résultat des surfaces de caisses fort irrégulières, sans qu'on s'en aperçût trop et sans que l'on sût d'où cela pouvait provenir. On remédiait à cet inconvénient en enlevant du bois approximativement lorsque la caisse était assemblée.

La menuiserie en voitures resta ainsi plongée dans les ténèbres jusqu'en 1839, époque où l'un de nos contemporains, M. Zablot, menuisier en voitures, âgé alors de vingt-cinq ans, découvrit une méthode rationnelle et très-expéditive pour la génération de la surface des caisses, avec laquelle on peut déterminer exactement sur les bâtis autant de points qu'il est nécessaire. M. Zablot enseigna sa méthode, tant dans l'atelier où il travaillait que dans un cours qu'il tenait le soir, avec toute l'ardeur que donne la conviction d'avoir fait une découverte utile. Les élèves qu'il forma, et dont un grand nombre furent professeurs à leur tour, propagèrent vite cette méthode qui fut immédiatement connue dans tout Paris et pratiquée depuis par toute la menuiserie en voitures.

Cette méthode de M. Zablot est la même au fond que celle qui est démontrée dans l'ouvrage de Roubo, pages 524 et 525, pour tracer le calibre rallongé d'un pied cornier de berline ; mais à cette époque le traité de Roubo n'était pas encore connu des menuisiers en voitures, et l'eût-il été, il n'est point démontré qu'il aurait trouvé des interprètes capables de faire l'application des principes qu'il contenait; la méthode est d'ailleurs assez confuse en cet endroit, et le lecteur qui n'aurait pas une connaissauce approfondie de l'art du trait n'y comprendrait rien. M. Zablot a donc eu le double mérite de découvrir une méthode et de l'enseigner ; et la date de 1839, où il a commencé son cours, est une époque remarquable pour les progrès de la menuiserie en voitures.

La génération de la surface des caisses, telle qu'elle a été enseignée par M. Zablot, est une partie de l'art du trait, spéciale pour la menuiserie en voitures, dont nous n'avons point rencontré d'exemples dans d'autres constructions similaires, telle que la menuiserie en bâtiment, la charpente et la construction navale. Cette partie est aussi la plus importante de la menuiserie en voitures, car la bonne ou mauvaise forme des caisses dépend uniquement de leur surface. Elle est en même temps la plus facile à comprendre : toute la démonstration se bornant à la construction d'un point.

Quand il y a du gauche dans les surfaces, l'application présente un peu plus de difficultés. Le gauche peut être réparti de deux manières : soit en quantités proportionnelles à la grandeur de la surface, ou en quantités variées. La première ne peut recevoir qu'une solution, mais la seconde en admet une infinité suivant la loi assignée à la quantité variable. M. Zablot a donné aussi sur cette matière quelques démonstrations très-intéressantes; mais la théorie des gauches, pour être bien comprise dans sa généralité, a besoin d'être présentée avec des développements qui n'ont pas encore été abordés jusqu'à ce jour.

Les opérations sur les lignes droites et les plans qui constituent la partie la plus importante de l'art du trait pouvant être appliquées à la menuiserie en voitures, n'ont pas encore été démontrées non plus avec cet ordre systématique qui distingue la plupart des ouvrages scientifiques de notre époque, faute, bien entendu, d'un ouvrage sur la matière. C'est là surtout un vide que notre traité est destiné à remplir, et sous ce rapport, nous espérons qu'il rendra des services, même aux praticiens les plus expérimentés.

Quoique la plupart des caisses aient généralement leurs surfaces limitées par des lignes courbes, ces lignes ne sont point le résultat d'un tracé géométrique ; elles sont dessinées absolument comme le galbe d'un ornement, sans autre loi que le goût. Certaines méthodes de raccordement de lignes, usitées dans l'architecture, ne satisferaient pas du tout dans la menuiserie en voitures. Tel, par exemple, que le raccordement d'un arc de cercle d'un petit rayon avec une ligne droite dont le rayon est d'une grandeur infinie.

Nous indiquerons le moyen de tracer quelques courbes dans la deuxième partie, notamment le *quart de nonante* dont on fait usage dans la construction navale, et que l'on pourrait appliquer aussi pour tracer les lignes de renflement.

D'après ce qui précède, on voit que jusqu'alors l'art de construire les caisses n'a été enseigné qu'au moyen de la tradition orale et seulement aux menuisiers en voitures ; c'est du reste tout ce que pouvait ambitionner ce mode d'enseignement, car sans le secours d'une méthode écrite, il est impossible de classer avec ordre toute la matière et de graduer convenablement toutes les difficultés. C'étaient et ce sont encore les praticiens les plus habiles qui démontrent aux autres soit dans l'atelier, soit à un cours que quelques-uns ouvrent le soir après leur journée. Dans ces sortes de leçons, le maître suppose que l'élève a déjà acquis un certain degré de connaissances, que toutes les opérations les plus simples lui sont déjà connues. En outre les démonstrations, quoique formées d'éléments souvent très-composés, sont toujours présentées comme un axiome, sans preuves justifiées par le raisonnement. Aussi ces sortes de démonstrations, en admettant qu'elles soient vraies, laissent toujours un certain doute dans l'esprit de l'élève, par la raison que rien ne justifie leur évidence.

Loin de nous l'idée de vouloir par là critiquer un mode d'enseignement qui, nous le reconnaissons, a rendu de grands services à la menuiserie en voitures et qui, jusqu'à ce jour, a contribué seul au progrès de cette industrie. Nous avons voulu seulement montrer ici les limites étroites dans lesquelles il se trouve nécessairement renfermé, par la raison qu'il ne pouvait être à la portée des industriels de la carrosserie autres que les menuisiers en voitures.

Convaincu que le progrès d'une industrie augmente en raison du nombre des personnes qui s'en occupent, nous avons apporté tous nos soins pour mettre cet ouvrage non-seulement à la portée de tous les industriels de la carrosserie, mais aussi de la classe des érudits des gens du monde. Ceux qu'il intéresse le plus, après les menuisiers, sont les fabricants de voitures qui, ne peuvent sans inconvénients ignorer la partie principale de leur art : la construction des caisses.

Ce traité devant être placé sous les yeux d'un certain nombre de lecteurs qui ignorent même les premières notions de la géométrie élémentaire, nous avons pensé qu'il était utile de définir les principaux termes dont nous ferons usage. De plus, afin de faciliter nos démonstrations, nous avons eu recours à des moyens qui ne sont pas ordinairement usités dans les ouvrages analogues. C'est ainsi que, pour éviter toute fausse interprétation et toute confusion, nous formulons les propositions principales et nous indiquons les solutions sur des figures représentées en perpective et dans des positions les plus favorables pour faire voir les lignes, les surfaces et les bâtis sur lesquels portent nos démonstrations. Ensuite nous résolvons toutes les opérations sur des plans coordonnés par la méthode des projections.

D'un autre côté, nous avons traité les épures de façon qu'elles se manifestent clairement afin de ne point exposer le lecteur à une attention trop contendue. Pour cela nous avons divisé les démonstrations afin de mettre le moins d'annotations possibles dans la même figure. Nonobstant toutes ces précautions, nous engageons les lecteurs qui ne sont pas familiarisés avec les termes géométriques à bien les étudier dans le chapitre des notions préliminaires. Quand on connaît bien la signification des termes, les difficultés sont considérablement aplanies.

L'opération qui a le plus d'étendue dans l'art du trait, en raison des différentes manières dont elle peut être résolue et du nombre de lignes qu'elle renferme, est celle qui consiste à construire l'angle dièdre.

On peut opérer la construction de l'angle dièdre de trois manières différentes : 1° sur l'angle direct ; 2° sur l'angle opposé par le sommet ; 3° sur l'un des angles supplémentaires. Notons en outre que chacune de ces opérations peut être faite ou sur le plan vertical, ou sur le plan horizontal, ou sur un plan auxiliaire ; on aura ainsi neuf manières différentes de construire l'angle dièdre.

Il n'est pas indifférent de procéder d'une quelconque de ces manières, surtout dans la pratique : c'est d'ailleurs ce qui sera démontré plus loin ; mais nous devons dire dès à présent qu'il est bon de les étudier toutes. Nous engageons même les lecteurs à les construire sur le papier afin de se familiariser plus vite avec elles.

Le principal obstacle que rencontrent, dans la construction de l'angle dièdre, ceux qui n'ont pas étudié la géométrie descriptive, et le nombre en est grand, provient de ce qu'ils ne savent pas par où commencer l'opération, faute de la pouvoir raisonner. Il s'agit, en effet, de construire de six à douze lignes suivant la manière que l'on adopte. Or par quelle ligne commencera-t-on, si l'on ne sait pas dans quel ordre procéder ?

Pour lever ces difficultés, nous faisons précéder chaque problème d'une *solution* qui indique à la fois la marche à suivre et les moyens de résoudre l'opération. La résolution par construction qui vient ensuite ne doit servir qu'à justifier la solution sur laquelle le lecteur doit concentrer toute son attention.

TRAITÉ

DE

MENUISERIE EN VOITURES

PREMIÈRE PARTIE

CHAPITRE PREMIER

NOTIONS PRÉLIMINAIRES

1. Définitions. — La *définition*, a dit Montferrier dans son *Dictionnaire des mathématiques*, « est la spécification des caractères qui distinguent un objet ou l'énumération des idées simples qui forment une idée composée ». La définition est générale ou particulière ; ainsi, lorsque l'on définit le plan, une surface sur laquelle on peut appliquer une droite en tous sens, de manière à coïncider parfaitement avec elle, la définition est générale, car elle convient à tous les plans. Mais si à cette idée générale on en ajoute une autre pour indiquer soit la position du plan : verticale, horizontale ou inclinée, soit sa relation avec un autre plan : perpendiculaire, oblique,.... la définition dans ce cas est particulière.

En général toutes les figures géométriques sont créées et construites par la définition, laquelle précède toujours la démonstration.

Nous ne définissons dans ces notions préliminaires que les figures géométriques absolument nécessaires à l'intelligence de nos démonstrations, lesquelles ne portent que sur l'étendue figurée ; c'est-à-dire que nous ne considérons point les objets pour en déterminer les dimensions en les comparant à des unités de longueur, de surface ou de volume, *mais seulement pour les représenter dans leur grandeur et leurs rapports.*

2. On donne le nom de *corps*, de *solide* ou de *volume* à tous les objets qui s'étendent aux trois dimensions, *longueur*, *largeur*, *hauteur* ou *profondeur*. Particulièrement les corps que nous considérons, et qui sont les produits de la menuiserie en voitures, sont désignés sous les noms de *caisses*, de *coffres*, de *bâtis*.

3. Si l'on fait abstraction de l'une quelconque des trois dimensions désignées plus haut pour n'en plus considérer que deux, on a l'idée de *surface*. Les caisses et les coffres ainsi que tous leurs bâtis sont séparés de l'espace qui les environne par leurs surfaces.

4. De même, si l'on fait abstraction de l'une des dimensions de la surface, il ne restera plus qu'une étendue soit en longueur, soit en largeur, soit en hauteur ; cette étendue se nomme *ligne*. Les surfaces sont limitées par des lignes comme les corps sont limités par des surfaces.

5. Enfin si une ligne diminue de longueur de manière à devenir plus petite que toute quantité donnée, on a l'idée du *point*. Le point est conçu comme n'ayant aucune étendue, il indique seulement une position dans l'espace ; soit les extrémités d'une ligne, soit l'endroit où deux lignes se coupent.....

6. On obtiendra la génération des éléments que nous venons de considérer en procédant dans un ordre inverse. Lorsqu'on fait mouvoir un point, on engendre une ligne, résultat que l'on obtient en faisant mouvoir la pointe d'un crayon sur une feuille de papier. Lorsqu'on fait mouvoir une ligne, on engendre une surface : le tranchant d'un couteau, la lame d'une scie sont des lignes qui engendrent des surfaces quand on s'en sert pour couper un objet quelconque. Lorsqu'on fait mouvoir une surface on engendre un solide : un demi-cercle en tournant autour de son diamètre engendre une sphère.

7. Deux surfaces se coupent suivant une ligne qui est leur ligne d'*intersection*.

Le lieu où deux lignes se coupent est un point qui est leur point d'*intersection*.

8. On considère deux espèces de lignes, les *droites* et les *courbes*. La ligne droite, ou simplement la droite, est engendrée par un point qui suit toujours la même direction vers un autre point. Il suit de là qu'il ne peut exister qu'une seule droite entre deux points donnés.

Une ligne courbe est engendrée par un point qui change à chaque instant de direction ; il existe plusieurs espèces de lignes courbes, mais en géométrie on ne considère que celles dont tous les points qui les constituent observent une loi régulière, de façon qu'il soit toujours possible de les déterminer. Toutes courbes qui ne peuvent être soumises à une loi mathématique sont regardées comme une création du goût.

A B (*fig.* 1) est une *ligne droite* et C D une *ligne courbe*.

9. Une surface *plane* ou *plan*, ainsi qu'elle est définie plus haut **(art. 1)**, est celle sur laquelle une droite peut y coïncider dans tous les sens. En menuiserie on obtient physiquement une surface plane sur les bâtis en les dressant à la *varlope*. On fait cette opération préliminaire à tous les bâtis sans exception qui reçoivent des assemblages ; car c'est ensuite sur cette surface plane ou à partir d'elle que l'on trace les autres surfaces et souvent les principales lignes que comportent les bâtis.

Les noms de *plans*, *surfaces planes*, *surfaces dressées à la varlope* sont donc synonymes. Dans le cours de cet ouvrage ces surfaces seront ordinairement désignées sous le nom de *plan*. Nous emploierons souvent ce mot aussi pour faire concevoir des surfaces imaginaires qui seront supposées comme si l'on coupait réellement les bâtis suivant certaines positions déterminées. Ces surfaces imaginaires sont employées surtout pour la construction des angles dièdres.

10. Une *surface courbe* est telle que l'on ne peut y appliquer une droite en tous sens ; comme les lignes courbes il existe plusieurs espèces de surfaces courbes, et la géométrie ne considère que celles dont tous les points qui les constituent peuvent être déterminés rigoureusement.

Dans ce qui suit, nous supposons que les lignes et les surfaces sont tracées sur un plan.

11. Des angles. — Lorsque deux droites A B et A C (*fig.* 2) se rencontrent, elles forment un *angle*. Le point A est le sommet de l'angle et les droites A B et A C en sont les côtés. On désigne un angle par la lettre placée à son sommet lorsqu'il est seul ; et par trois lettres en plaçant celle du sommet au milieu lorsqu'il y a plusieurs angles autour d'un même point. Dans le premier cas on dirait l'angle A, et dans le second l'angle B A C ou C A B.

La grandeur d'un angle ne dépend pas de la longueur de ses côtés, mais de leur écartement.

On distingue trois sortes d'angles : l'*angle droit*, l'*angle aigu* et l'*angle obtus*.

12. Lorsqu'une droite A D en rencontre une autre B C (*fig.* 3) de manière à former avec elle deux angles B A D, C A D égaux, ces deux angles sont *droits*, et la droite A D est dite *perpendiculaire* ou d'*équerre* sur la droite B C.

Pour élever en un point A, d'une droite B C, une perpendiculaire à cette droite, on porte à partir du point A et de chaque côté, deux distances A B et A C égales ; puis des points B et C, avec une ouverture de compas plus grande que A B ou A C, on décrit deux arcs de cercle dont l'intersection détermine en D un des points de la perpendiculaire. Joignant ensuite A et D par une droite, cette ligne est la perpendiculaire demandée. Dans les arts du dessin, cette opération se fait avec la règle et l'équerre.

13. Tout angle E A C plus petit qu'un angle droit est un *angle aigu*, et tout angle E A B plus grand qu'un angle droit est un *angle obtus*. La droite A E commune à ces deux angles est oblique sur la droite B C.

14. Deux angles C A E, E A D sont *complémentaires* l'un de l'autre quand leur somme est égale à un angle droit. Deux angles C A E, E A B sont *supplémentaires* l'un de l'autre quand leur somme est égale à deux angles droits.

D'après ce qui précède, on voit que la somme de tous les angles formés autour d'un point A d'une droite B C, et du même côté par rapport à cette droite, est égale à deux angles droits.

15. Lorsque deux droites A B, C D (*fig.* 4) se coupent en un point O, d'une manière quelconque, elles forment quatre angles autour de ce point, dont la somme est égale à quatre angles droits. Les angles tels que A O C, D O B opposés par le sommet sont égaux. En effet ces deux angles ont pour supplément **(art. 14)** le même angle A O D ou C O B. On prouverait de la même manière que les angles A O D, C O B sont égaux.

16. Des lignes parallèles. — Lorsque deux droites telles que A B et C D (*fig.* 5), ont la même direction de façon qu'elle ne puisse jamais se rencontrer lors même qu'on les prolongerait à l'infini, on les nomme *lignes parallèles*. La propriété des lignes parallèles est donc de conserver entre elles la même distance dans toute leur étendue.

17. Des triangles. — On nomme *triangle* une figure renfermée par trois lignes qui se coupent deux à deux ; nous ne considérons ici que les triangles formés par des lignes droites. Dans tout triangle on distingue deux choses : les lignes qui limitent la surface et qu'on nomme *côtés du triangle* et les angles que ces lignes forment entre elles. Ainsi les droites A B, B C, C A sont les *côtés* du triangle A B C (*fig.* 6) et chacun des points A, B et C se trouve placé à l'un des *angles* du triangle.

Lorsqu'on prend un côté quelconque A C pour *base* d'un triangle, on donne le nom de *sommet* à l'angle B opposé à ce côté.

La hauteur d'un triangle est la perpendiculaire telle que B D, abaissée du sommet sur la base, prolongée s'il est nécessaire comme à la figure 7.

18. Lorsque deux côtés A B, A C d'un triangle A B C, (*fig.* 8) comprennent entre eux un angle droit *a*, le triangle prend le nom de *triangle rectangle.* Les deux côtés A B, A C sont les *côtés de l'angle droit.* Le côté B C opposé à l'angle droit se nomme *hypothénuse.*

19. Problème. — *Construire un triangle dont les trois côtés sont donnés.* Soient M, N, O (*fig.* 9) les trois côtés donnés. On porte sur une droite $x y$ un des côtés quelconques M, de A en B, puis de chacun de ces points et avec des ouvertures de compas égales aux deux autres droites, on décrit des arcs de cercle qui se coupent en un point C, de telle sorte que l'on ait A C égal N, et B C égal O. Joignant ensuite A C et B C le triangle A B C est le triangle demandé.

20. Problème. — *Construire un triangle rectangle dont les deux côtés de l'angle droit sont donnés.* Soient A C et N les deux côtés de l'angle droit (*fig.* 10), on élève à l'aide de la règle et de l'équerre à l'extrémité d'un des côtés, A C par exemple, une perpendiculaire A B sur laquelle on porte l'autre côté N, de A en B. Joignant ensuite les autres extrémités B et C le triangle A B C est le triangle demandé.

21. Des quadrilatères. — On nomme *quadrilatères* des figures renfermées par quatre lignes. Ceux dont nous ferons usage sont :

Le *rectangle* (*fig.* 11) dont les quatre angles sont droits et conséquemment les côtés opposés égaux et parallèles.

Le *parallélogramme* (*fig.* 12) dont les côtés opposés sont égaux et parallèles sans que les angles soient droits.

Le *trapèze rectangle* (*fig.* 13) dont deux côtés A B, C D sont parallèles et les angles en B et en D sont droits.

22. Cercle. — Le *cercle* (*fig.* 14) est une surface plane S limitée par une ligne courbe A B C D nommée *circonférence,* et dont tous les points sont à égale distance d'un point intérieur O qui est le *centre.* On nomme :

Rayon une droite telle que A O qui joint le centre à la circonférence.

Corde, une droite A B menée dans le cercle et qui se termine de part et d'autre à la circonférence.

Diamètre, une corde telle que A C qui passe par le centre.

Arc de cercle, une partie de la circonférence telle que A B sous-tendue par une corde ou comprise entre deux rayons.

Tangente, une droite telle que E F qui touche une courbe en un point quelconque A, qui est le point de *contact.*

Normale, une droite A O menée en un point A d'une courbe, perpendiculairement à la tangente en ce point. En général une normale est une perpendiculaire à une courbe ou à une surface courbe; et dans un cercle la direction de cette ligne passe par le centre et se confond avec les rayons et les diamètres.

RELATIONS DES LIGNES ET DES SURFACES CONSIDÉRÉES DANS L'ESPACE

23. Les éléments que nous venons de considérer sont supposés dans un même plan. Lorsque les lignes avec les surfaces et les surfaces entre elles ne sont pas dans un même plan, on dit qu'elles sont dans l'espace. C'est ainsi que nous les considérerons dans ce qui suit.

Pour figurer un plan on le représente ordinairement par un quadrilatère A B C D (*fig.* 15), tracé sur sa surface, mais comme le plan est une surface illimitée il faut toujours le concevoir prolongé au-delà des lignes qui semblent former son périmètre.

On désigne ordinairement un plan par une lettre; excepté quand les lignes qui le déterminent sont mêlées avec d'autres lignes. Alors on emploie un nombre suffisant de lettres pour le déterminer rigoureusement.

24. Positions relatives d'une droite par rapport à un plan. — Une droite peut occuper quatre positions différentes par rapport à un plan. Elle peut être :

1° *Tout entière dans le plan.*

2° *Perpendiculaire au plan.*

3° *Oblique au plan.*

4° *Parallèle au plan.*

Dès qu'une droite A B a deux points A et C dans un plan P (*fig.* 16), elle y est contenue *tout entière ;* ceci est une conséquence de la définition du plan (**art. 9**).

25. Lorsqu'une droite A B traverse un plan P (*fig.* 17), l'intersection du plan et de la droite a lieu en un *point unique* C. La droite se trouve ainsi divisée en deux parties par le plan, dont l'une A C est en dessus et visible, on la représente par un trait plein ; l'autre partie C B est en dessous et toute ou en partie cachée par le plan, on représente la partie cachée par un trait ponctué.

26. Une droite A B est *perpendiculaire* à un plan P (*fig.* 18) lorsqu'elle forme des angles droits avec toutes droites B C, B D, B E..., menées par son pied dans le plan. La droite A B serait oblique au plan si elle ne remplissait pas cette condition.

Réciproquement, toutes droites B C, B D, B E, menées par un point B d'une droite A B perpendiculairement à cette droite, déterminent un plan P *perpendiculaire* à la droite A B.

Deux perpendiculaires B C, B D..., non en ligne droite, menées par un point B à une droite A B, suffisent pour déterminer un plan perpendiculaire à cette droite.

27. Une droite A B et un plan P (*fig.* 19) sont *parallèles* lorsqu'ils ne peuvent se rencontrer lors même qu'on les prolongerait à l'infini.

Toutes perpendiculaires C D, E F au plan P, abaissées de divers points C et E d'une droite A B parallèle à ce plan, sont *égales* et *parallèles* et mesurent la distance de la droite A B au plan P.

28. La position d'un plan dans l'espace est déterminée par celles de trois points non en ligne droite. Soit d'abord A et B (*fig.* 20), deux de ces points; un plan qui ne serait astreint qu'à passer par A et B pourrait occuper une infinité de positions P, Q, R, S..., dans l'espace en tournant autour de la droite A B qui joint les deux points A et B; mais si le plan est assujetti à passer par un troisième point C, situé en dehors de la droite A B, sa position dans l'espace est parfaitement déterminée, et le plan P est le plan *unique* qui passe par les trois points A, B, C.

La position d'un plan est déterminée par celle de deux droites qui se coupent, car trois points non en ligne droite peuvent être regardés comme les extrémités et le point d'intersection de ces deux droites. Par conséquent :

La position d'un angle formé par deux droites détermine la position d'un plan qui est le plan de cet angle.

La position d'un triangle rectiligne détermine également la position d'un plan qui est le plan de ce triangle.

Deux droites parallèles déterminent un plan, sans quoi elles ne seraient pas parallèles.

29. Positions relatives des plans entre eux. — Deux plans peuvent occuper quatre positions différentes l'un par rapport à l'autre.

1° *Ils peuvent coïncider.*

2° *Être perpendiculaires l'un à l'autre.*

3° *Obliques l'un à l'autre.*

4° *Parallèles l'un à l'autre.*

Lorsque deux plans *coïncident*, ils ne forment plus qu'un seul et même plan.

30. Tout plan P passant par une droite A B, perpendiculaire à un plan Q (*fig.* 21) est *perpendiculaire* à ce plan. La droite X Y suivant laquelle deux plans se coupent est leur *intersection commune*. En général, pour que deux plans P et Q soient perpendiculaires entre eux, il faut que toute droite A B ou B C tracée sur l'un des deux plans perpendiculairement à leur intersection commune soit perpendiculaire à l'autre plan. Deux plans qui se coupent et qui ne remplissent pas cette condition sont obliques l'un à l'autre.

Deux plans P et Q perpendiculaires l'un à l'autre sont appelés *plans coordonnés*.

31. L'intersection X Y de deux plans est une *ligne droite*. En effet, si l'on pouvait trouver sur cette intersection trois points non en ligne droite, les deux plans coïncideraient et ne se couperaient pas.

32. Lorsque l'on fait tourner un plan autour d'un axe fixe tracé dans ce plan, tous les points du plan décrivent dans l'espace des arcs de cercle dont les plans sont *perpendiculaires* à l'axe.

Soit A B un axe fixe tracé dans un plan P (*fig.* 22), astreint à tourner autour de cet axe ; et C un point quelconque pris sur le plan P. Du point C abaissons sur l'axe une perpendiculaire C D. En faisant tourner le plan P autour de l'axe fixe A B, le point C décrira une circonférence de cercle C, C', C'' dont le plan est perpendiculaire à l'axe A B. En effet, dans ce mouvement, la droite C D n'aura point cessé d'être perpendiculaire à l'axe, or le plan qu'elle détermine par deux de ses positions successives C D, C' D non en ligne droite, est perpendiculaire à l'axe A B (**art. 26**). Mais ce plan contient l'arc de cercle décrit par le point C et compris entre deux positions successives de la droite C D; donc le plan de cet arc de cercle est *perpendiculaire* à l'axe A B.

33. Deux plans P et Q (*fig.* 23) sont *parallèles* lorsqu'ils ne peuvent se rencontrer lors même qu'on les prolongerait de toutes parts à l'infini. Alors leur intersection A B et C D faites par un troisième plan R sont des lignes parallèles. La distance de deux plans parallèles est mesurée par toute perpendiculaire E F menée d'un plan à l'autre.

34. Des angles dièdres (1). — La rencontre de deux plans P et Q (*fig.* 24) forme un angle que l'on nomme *angle dièdre;* la droite A B suivant laquelle les deux plans se coupent est l'*arête* de l'angle dièdre ; les plans P et Q en sont les *faces*. On désigne un angle dièdre par son arête lorsqu'il est seul, et par son arête et ses deux faces lorsqu'il y a plusieurs angles dièdres autour d'une même arête. Dans le premier cas on dirait l'angle dièdre A B et, dans le second, l'angle dièdre P A B Q ou Q A B P, en plaçant au milieu les deux lettres qui désignent l'arête.

On mesure l'angle dièdre que forment deux plans par l'angle rectiligne formé par deux droites C D, C E menées dans chaque plan P et Q par un point quelconque C de l'arête et perpendiculairement à cette arête. L'angle rectiligne D C E ainsi obtenu est l'*angle plan* de l'angle dièdre A B.

Tout ce que nous avons dit sur les angles rectilignes aux articles **11, 12, 13, 14** et **15** est applicable aux angles plans des angles dièdres pour désigner l'espèce d'angle, aigu, droit ou obtus, ou leur relation avec un autre angle, opposé, complémentaire ou supplémentaire.

Dans la menuiserie il importe peu de connaître l'espèce d'un angle dièdre ; ce qu'il importe davantage, c'est de savoir le construire. On opère cette construction de deux manières : directement ou indirectement. L'opération indirecte se faisant à l'aide des angles complémentaires, supplémentaires ou opposés par l'arête, nous allons, en raison de l'importance des angles dièdres, répéter sur ces angles ce que nous avons déjà dit sur les angles rectilignes (**art. 14** et **15**).

35. Soient P P', Q, R (*fig.* 25) trois plans formant autour de l'arête A B, et du même côté par rapport au plan P P', trois angles dièdres. Supposons en outre : 1° que le plan Q soit perpendiculaire au plan P P' ; 2° que les droites C D, A E, A F, soient perpendiculaires à l'arête A B. Les angles C A E, E A F, F A D formés par ces droites mesureront (**art. 34**) les angles plans des angles dièdres que forment entre eux les plans P P', Q et R. Nous aurons, (**art. 14**) deux angles plans D A F, F A E *complémentaires* l'un de l'autre, leur somme étant égale à un angle droit ; et deux angles plans D A F, F A C *supplémentaires* l'un de l'autre, leur somme étant égale à deux angles droits.

La somme de tous les angles plans D A F, F A E, E A C des angles dièdres, formés autour d'une même arête A B et du même côté par rapport à un plan P P', est égale à deux *angles droits.*

36. Soient P P' et Q Q' (*fig.* 26) deux plans se coupant d'une manière quelconque, suivant l'arête A B, et supposons que les droites C D, E F soient perpendiculaires à cette arête ; ces droites mesureront les angles plans des angles dièdres que comprennent entre eux les plans P P', Q Q'. Les angles, tels que C A E, D A F opposés par l'arête sont égaux. En effet, ces angles ont pour supplément, (**art. 15**) le même angle E A D ou C A F. On prouverait de la même manière que ces deux derniers sont égaux.

La somme de tous les angles plans C A E, E A D, D A F, F A C des angles dièdres formés autour d'une même arête AB, est égale à quatre angles droits.

37. Tout plan R perpendiculaire à deux plans P et Q (*fig.* 27) est *perpendiculaire* à leur intersection commune X Y et réciproquement.

Supposons le cas où les deux plans P et Q sont coordonnés, et menons dans chaque plan, par un point quelconque A de leur intersection X Y, deux droites A B, A C perpendiculaires à cette intersection ; les deux droites A B et A C détermineront un troisième plan R perpendiculaire aux deux premiers. En effet, le plan mené par la droite A B est perpendiculaire au plan Q puisqu'il passe par une droite perpendiculaire à ce plan (**art. 30**); de même le plan mené par la droite A C est perpendiculaire au plan P. Or le plan R qui passe en même temps par ces deux droites est *perpendiculaire* aux deux plans P et Q. Mais le plan R passe par deux droites perpendiculaires à l'intersection X Y des deux premiers plans, donc il est aussi *perpendiculaire* à cette intersection (**art. 26**).

Cette condition existe quel que soit l'angle dièdre que forment les deux plans P et Q. En effet, supposons que l'un de ces deux plans se ferme sur l'autre, le plan Q par exemple, en tournant autour de l'intersection commune X Y comme axe de rotation. Dans ce mouvement, la droite A C décrira un arc de cercle quelconque C A C', dont le plan est perpendiculaire à l'intersection X Y (**art. 32**). De plus, le plan Q passant par une droite X Y, perpendiculaire au plan de l'arc de cercle C A C', est perpendiculaire à ce plan (**art. 30**). Mais le plan R n'est autre que le plan de cet arc de cercle. *Donc tout plan R perpendiculaire à deux plans P et Q est perpendiculaire à leur intersection commune ; et réciproquement tout plan R perpendiculaire à l'intersection commune X Y de deux plans P et Q est perpendiculaire à ces deux plans.*

Cette proposition a une très-grande importance dans la résolution des angles dièdres où la nature des données ne permet pas toujours de démontrer, comme avec les figures que nous avons choisies ici, qu'un plan perpendiculaire à l'arête ou intersection commune de deux plans est en même temps perpendiculaire à ces deux plans. Or, comme l'angle dièdre de deux plans est égal à l'angle rectiligne formé par leur trace sur un troisième plan qui leur est perpendiculaire, il nous suffira de construire ce troisième plan perpendiculairement à l'arête d'un angle dièdre, puisqu'il sera en même temps perpendiculaire aux deux faces de cet angle.

(1) En menuiserie, on désigne cet angle sous le nom d'angle de corroyage; c'est ordinairement l'angle que forment deux faces contiguës d'un bâti, dressées à la varlope.

REPRÉSENTATION DES CORPS

38. On fait usage de deux systèmes différents pour représenter les corps : *la perspective* et le *dessin géométral.*

Le premier système a pour but de représenter les objets sur une surface, de façon qu'ils y paraissent tels qu'ils seraient vus, s'ils existaient réellement, par un observateur à travers un objet transparent. Il résulte de cette définition que si de l'œil de l'observateur on mène des lignes droites à tous les points du contour apparent et des arêtes visibles de l'objet qu'il regarde, le lieu où toutes ces lignes perceraient le tableau transparent donnerait sur ce tableau un dessin qui produirait à l'observateur la même sensation que l'objet même quant à sa forme.

Le dessin en perspective est propre à exprimer la forme des objets, mais il ne fournit ordinairement aucune des dimensions ni la grandeur des angles que les différentes parties forment entre elles. Il serait donc insuffisant dans un grand nombre de cas pour servir à la reproduction d'un objet, exactement semblable à celui qu'il représente. Aussi nous faisons seulement usage de ce mode de représentation pour montrer les positions des lignes et des surfaces sur lesquelles portent nos démonstrations ainsi que nous l'avons annoncé dans les notions préliminaires.

39. Le dessin géométral a pour but de représenter les objets de façon que toutes leurs parties y soient dans leur grandeur ou réduites d'après une même échelle. Ce système n'est pas aussi propre que le dessin en perspective pour donner une idée générale de la forme des objets, ou du moins cette forme ne se manifeste pas immédiatement à la vue; mais les personnes familiarisées avec ce mode de représentation la déduise facilement des différentes figures : *plan*, *élévation*, *coupes* que ce système comporte.

L'objet que l'on se propose de dessiner peut exister ou ne pas exister; dans le premier cas, il faut, pour le représenter, relever les dimensions de toutes ses parties et les rapporter exactement sur le dessin soit dans leur grandeur ou d'après une échelle adoptée. Si l'objet n'existe pas, c'est un projet que l'on conçoit, et, dans ce second cas, il faut avoir une idée complète de l'objet, prévoir les grandeurs, la forme de toutes ses parties, les angles qu'elles forment entre elles comme s'il existait réellement. Le but que l'on se propose dans les deux cas est toujours le même : l'exécution de l'objet qu'un dessin géométral représente.

Le dessin géométral a pour base la méthode des projections lorsque la position des points de l'objet, en dehors des plans, peut être rigoureusement définie; mais avant d'exposer cette méthode, examinons d'abord comment les corps se manifestent à notre vue, nous en déduirons la marche à suivre pour les représenter.

40. On distingue les corps par leurs faces ou surfaces (1) apparentes; les faces sont limitées par des lignes et les lignes par des points. Ainsi dans la caisse de phaéton représentée en perspective (*fig.* 28) nous remarquons la face L sur le côté, la face M sur le dessus, la face N sur le derrière; ces différentes faces sont séparées entre elles par les lignes AB, BE, BC.... qui sont leur *ligne d'intersection* ou *arête* deux à deux. La face du dessous n'est pas apparente sur le dessin; mais les lignes CD, CF, qui forment son intersection avec les faces L et N, déterminent suffisamment sa position. Enfin les lignes AB, BE, BC, CF, CD sont limitées à leur rencontre par les points B et C qui sont leurs *points d'intersection.*

La rencontre de plusieurs faces ou surfaces en un même point forme un angle que l'on nomme *angle solide.* Ainsi le point B, intersection des droites AB, BC, BE (*fig.* 28), est l'angle solide des faces L, M, N. Il faut au moins trois faces ou surfaces pour former un angle solide.

D'après ce qui précède, on voit que la représentation des

(1) Les différents côtés que présentent les corps sont désignés sous le nom de *faces.* On dit face du côté, face du dessus, face du dessous, face du devant, face du derrière. Sans avoir égard à la forme particulière qu'affectent ces différentes faces, on emploie au contraire le mot *surface* pour indiquer ordinairement la forme que le corps affecte dans la partie de son enveloppe où on le considère. Par exemple, si nous voulons définir une partie de l'enveloppe du phaéton (*fig.* 28), nous indiquerons d'abord la position de cette partie et ensuite la forme qu'elle affecte. Ainsi nous dirions la face L du côté est une surface plane limitée par les lignes AB, BC, CD, DA.

Mais nous avons aussi certaines parties de l'enveloppe des corps que l'on ne peut distinguer par leur face, telles que, par exemple, la rotonde d'un phaéton dont les côtés ne sont point séparés avec le derrière. Dans ce cas nous désignons cette partie seulement par le mot surface, et c'est pourquoi nous employons ici les deux termes *face* et *surface.*

corps consiste simplement à rapporter, sur une feuille de dessin: 1° *les points situés aux angles solides;* 2° *les lignes d'intersection de surfaces et dont les extrémités sont déterminées par les angles solides.*

41. Les surfaces qui limitent les corps sont de deux sortes : planes ou courbes. L'intersection de deux surfaces planes a lieu suivant une ligne droite (**art. 31**). Ainsi les faces L, M, N du phaéton étant des surfaces planes, leurs intersections AB, BE, BC..... sont des lignes droites. L'intersection d'une surface plane et d'une surface courbe ou de deux surfaces courbes est une ligne courbe, à moins toutefois que ces surfaces courbes soient du genre de celles sur lesquelles on peut appliquer une droite en un sens. L'intersection serait une droite si les deux surfaces se rencontraient précisément à l'endroit où l'on peut y appliquer une droite sur chacune d'elle. Par exemple, la rotonde O d'un phaéton (*fig.* 28) est limitée par une surface courbe sur laquelle on peut appliquer une droite dans le sens de sa hauteur et l'intersection *a b* de cette rotonde avec le plan Q, que nous supposons placé verticalement dans l'axe de la caisse, est une ligne droite.

42. On exécute les dessins soit sur une feuille de papier tendue sur une planche, soit sur une table, soit sur une surface murale. Quelle que soit la nature de la surface il importe, pour obtenir toute la précision possible, que cette surface soit parfaitement plane. C'est évidemment en raison de cette qualité que l'on donne le nom de plan à toute sorte de dessins faits en vue de l'exécution de l'objet qu'ils représentent.

43. L'habitude que l'on a contractée de mesurer les longueurs et les largeurs suivant des directions parallèles à l'horizon et les hauteurs suivant la direction d'un fil à plomb a naturellement fait choisir ces directions, horizontales et verticales, pour les positions des plans d'un dessin géométral. Outre ces directions horizontales et verticales, les plans peuvent encore avoir certaines positions relatives à l'objet que l'on y rapporte. Par exemple, le plan vertical peut être placé en avant, au milieu ou derrière l'objet. Il importe dans tous les cas de choisir toujours la position la plus favorable pour simplifier les opérations autant que possible. Dans la menuiserie en voitures, lorsqu'il s'agit de représenter une caisse, on la suppose exécutée et placée sur le plan horizontal, et l'on suppose que le plan vertical passe dans l'axe de la caisse, dans le sens de sa longueur, de telle façon qu'il la partage en deux parties égales (1). La caisse de phaéton (*fig.* 28), dont la moitié seulement est apparente, est placée dans cette hypothèse par rapport aux deux plans P et Q. Le dessous du fond, étant une surface plane horizontale, est ici tout entier dans le plan horizontal P, et tous les points appartenant à l'axe sont situés dans le plan vertical Q. Tous les autres points de la caisse situés en dehors des plans P et Q sont considérés dans l'*espace;* on les rapporte sur ces plans par des projections.

(1) Les deux côtés des caisses étant semblables par symétrie, en plaçant ainsi le plan vertical on obtient directement la demi-grandeur de toutes les traverses.

MÉTHODE DES PROJECTIONS

44. La méthode des projections se compose de *plans de projections*, de *projetantes* et de *projections*. L'objet de cette méthode, qui forme la base de la géométrie descriptive, est :

1° De représenter sur une feuille de dessin qui n'a que deux dimensions les corps qui en ont trois et qui sont susceptibles d'être définis rigoureusement.

2° De faire connaître exactement la forme des corps et de pouvoir déduire, à l'aide d'opérations *graphiques* (1), les grandeurs et les rapports de toutes leurs parties.

Tous les éléments que la géométrie considère : ligne droite, ligne courbe, surface plane, surface courbe, sont

(1) En mathématiques on distingue deux sortes d'opérations pour la résolution des problèmes : l'une *numérique*, avec laquelle on exprime les grandeurs en chiffres, et l'autre *graphique*, avec laquelle on exprime les grandeurs par des figures tracées sur une surface quelconque.

parfaitement déterminés par leurs projections sur deux plans de projection, dont l'un est ordinairement horizontal et l'autre vertical; mais dans la menuiserie en voitures nous avons des lignes courbes et des surfaces courbes dont les points ne sont pas soumis à une loi mathématique. Pour donner une idée exacte de la forme des lignes et des surfaces de ce genre et fixer la position de tous leurs points, un seul plan vertical ne suffit pas; nous avons recours alors à un deuxième plan vertical perpendiculaire aux deux autres.

On donne le nom de *plan* au plan horizontal; de *plan vertical*, à tout plan qui passe par la direction d'un fil à plomb. Or le fil à plomb étant toujours perpendiculaire au plan horizontal dans le lieu où on le considère, il suit de là que tout plan vertical est perpendiculaire au plan horizontal. Tout plan qui n'est pas dans une position horizontale ou verticale est un plan incliné.

On désigne aussi sous le nom d'*élévation* le plan vertical sur lequel on rapporte la façade principale de l'objet que l'on considère. Dans une caisse la façade principale est l'un des côtés; on la rapporte ordinairement sur le plan vertical qui passe dans l'axe de la caisse et dans le sens de sa longueur (**art. 43**). Pour cette raison on désigne ce premier plan vertical sous le nom d'*élévation longitudinale*. Tout plan vertical sur lequel on rapporte l'élévation du devant ou du derrière de la caisse prend le nom d'*élévation latérale*. Le plan d'élévation latérale est perpendiculaire au plan horizontal et au premier plan vertical.

Lorsque l'on ne fait usage que de deux plans dont l'un *horizontal* et l'autre *vertical*, on les désigne simplement par ces noms. Ainsi, lorsque nous mentionnons le plan vertical sans autre désignation, il faut entendre le plan vertical longitudinal. S'il existe dans la figure un autre plan vertical, nous le désignons par un nom particulier, soit latéral s'il est perpendiculaire aux deux premiers plans ou par des lettres dans tout autre cas.

Pour abréger les dénominations nous désignerons le plan horizontal par la lettre P, le premier plan vertical par la lettre Q et le plan latéral ordinairement à droite des deux premiers par la lettre R.

Les plans de projection et les plans géométraux sont les mêmes.

Nous exposons d'abord la méthode des projections à la considération d'un point rapporté à deux plans de projections, ensuite à trois plans; nous continuerons ainsi pour projeter une droite, une courbe et une surface plane afin d'habituer nos lecteurs, dès le début, à la considération de trois plans de projection.

45. Projection d'un point. — On appelle projection d'un point sur un plan le pied de la perpendiculaire menée du point sur le plan. Soit P et Q (*fig.* 29) deux plans de projection, le premier horizontal et le second vertical, A un point de l'espace; si du point A on mène les perpendiculaires $A\,a$, $A\,a'$, la première au plan P, la seconde au plan Q, les pieds a et a' où ces perpendiculaires rencontrent les plans sont les *projections* du point A; les perpendiculaires $A\,a$, $A\,a'$ sont les *projetantes* du point; les plans P et Q les *plans de projection*. Nous prendrons toujours la ligne X Y intersection des deux plans de projection pour *ligne de terre*. Ceci posé, si l'on a les deux projections a et a' d'un point A de l'espace sur deux plans de projection P et Q, la position de ce point est parfaitement déterminée, car elle se trouve sur l'intersection A des deux perpendiculaires menées par les projections a et a' à chaque plan de projection P et Q.

Lorsque l'on ne fait usage que de deux plans de projections, les deux projetantes d'un point de l'espace ne sont pas apparentes; elles sont remplacées sur chaque plan de projection par d'autres lignes qui leur sont égales et parallèles comme nous allons le démontrer.

46. Les deux projetantes $A\,a$, $A\,a'$, étant perpendiculaires aux plans P et Q déterminent un troisième plan $A\,a\,a''\,a'$ perpendiculaire aux deux premiers et à leur intersection commune (**art. 37**). Les traces $a\,a''$, $a'\,a''$, de ce troisième plan avec les deux autres sont respectivement égales et parallèles aux projetantes $A\,a'$, $A\,a$ comme formant les quatre côtés d'un rectangle. On peut d'ailleurs supposer que les deux projetantes se sont transportées parallèlement à leur position première, chacune en suivant la direction de l'autre, pour venir s'appliquer sur le plan de projection qui leur est parallèle. Il suit de là que la projetante $A\,a$ viendrait s'appliquer sur le plan vertical en $a'\,a''$ et la projetante $A\,a'$ sur le plan horizontal en $a\,a''$. D'après cette hypothèse, la construction se trouverait présentée comme à la figure 30 où les projetantes sont remplacées par les droites qui leur sont égales et parallèles dans chaque plan.

Pour reconstruire avec l'idée le point A de l'espace avec les données de la figure 30, il faut supposer que des projetantes se transportent à leur position première comme à la figure 29.

47. Les deux perpendiculaires $a\,a''$, $a'\,a''$, abaissées des deux projections a et a' d'un point de l'espace (*fig.* 29), sur la ligne de terre, rencontrent cette ligne en un point unique a'', car ces deux perpendiculaires ne sont autres que les traces d'un troisième plan sur les deux premiers, déterminé par les deux projetantes (**art. 46**).

48. La projection d'un point B pris sur l'un des deux plans de projection se confond avec ce point dans ce plan et se projette sur l'autre en un point b' de la ligne de terre.

49. La projection a_1 d'un point A de l'espace sur le plan latéral R (*fig.* 31) est comme les autres projections, le pied a_1 d'une perpendiculaire $A\,a_1$, abaissée du point A sur le plan R. Les démonstrations que nous avons faites plus haut sur les deux premiers plans P et Q sont applicables au premier plan P et au troisième plan R.

Ayant les deux projections a, a' d'un point de l'espace sur deux plans P et Q, la projection a_1 sur un troisième plan R est déterminée. En effet l'élévation du point A au-dessus du plan horizontal est déterminée par sa projection a' sur le premier plan vertical Q. Or, si l'on mène par ce point une parallèle $a'\,a'''$, à l'intersection X Y et par le point a''' une autre parallèle indéfinie $a'''\,a_1$ à l'intersection Y Y_1, la droite $a'''\,a_1$ contiendra la projection demandée sur le plan R. Pour la construire on mènera dans le plan P, par la projection horizontale a, une perpendiculaire $a\,a_{11}$ à l'intersection Y Y_1 des deux plans P et R, et par le point a_{11} une autre perpendiculaire $a_{11}\,a_1$ à la même intersection dans le plan R; l'intersection en a_1 des deux droites $a'''\,a_1$, $a_{11}\,a_1$ est la projection demandée.

Le plan R étant perpendiculaire aux deux autres plans P et Q, les droites $a\,a_{11}$, $a_{11}\,a_1$ sont parallèles, la première à X Y et la seconde à Y Y'.

50. Projections d'une droite. — Les projections d'une droite de l'espace sont déterminées par les projections des deux points de ses extrémités : en joignant ces points par une droite dans chaque plan on aura les projections de la droite de l'espace.

La projection d'une droite A B de l'espace, perpendiculaire à l'un des plans de projection P (*fig.* 32), se réduit en un seul point a sur ce plan. Dans ce cas, les deux autres projections $a'\,b'$, $a_1\,b_1$ sur les deux autres plans Q et R sont égales et parallèles à la droite originale.

51. Les projections de deux droites parallèles sont parallèles dans chaque plan de projection. En effet, supposons le cas où les deux droites sont perpendiculaires à l'un des plans de projection, au plan horizontal par exemple; leurs projections dans chacun des deux autres plans sont des lignes verticales qui, comme les droites originales, sont toutes perpendiculaires au plan horizontal, et par conséquent, parallèles entre elles. Dans ce cas, non-seulement les projections de deux droites seraient parallèles sur chacun des deux plans verticaux, mais elles sont toutes parallèles entre elles; c'est là une propriété unique aux lignes verticales.

Mais si les droites parallèles originales étaient horizontales ou inclinées, leurs projections seraient seulement parallèles dans chaque plan de projection, à moins qu'elles ne fussent horizontales et parallèles à l'un des deux plans verticaux; dans ce cas, les projections sur ce plan, sur le plan horizontal et les droites originales seraient toutes parallèles.

52. Une droite inclinée A B de l'espace par rapport à deux plans de projection P et Q (*fig.* 33) donne sur ces plans des projections $a\,b$, $a'\,b'$, plus courtes que la droite originale. Si la droite A B est parallèle au troisième plan R, sa projection $a_1\,b_1$ dans ce plan lui sera égale et parallèle.

Lorsqu'une droite A B (*fig.* 34) est tout entière dans l'un des plans de projection P, elle se confond avec sa projection dans ce plan et se projette sur les autres plans en $a'\,b'$, $a_1\,b_1$ suivant la ligne de terre dans chaque plan.

53. Projections d'une courbe. — La projection d'une courbe de l'espace A E (*fig.* 35) s'obtient en projetant dans chaque plan de projection divers points A, B, C, D, E... appartenant à cette courbe et en nombre suffisant pour indiquer le contour des projections de la courbe. Joignant ensuite par une ligne dans chaque plan les divers points ainsi obtenus, il faut que chaque ligne $a\,b\,c\,d\,e$, $a'\,b'\,c'\,d'\,e'$, $a_1\,b_1\,c_1\,d_1\,e_1$ donne exactement dans le plan où elle se trouve la projection de tous les points de la courbe originale.

Lorsqu'une courbe de l'espace A B (*fig.* 36) est parallèle à l'un des plans de projection R, sa projection $a_1\,b_1$ dans ce plan lui est égale et parallèle, et sa projection $a\,b$, $a'\,b'$ dans chacun des autres plans P et Q est une ligne droite.

Lorsqu'une courbe A B est tout entière dans l'un des plans de projection P (*fig.* 37), elle se projette sur les autres plans Q et R suivant la ligne de terre $a'\,b'$, $a_1\,b_1$ dans chaque plan.

54. Projections des surfaces. — Les surfaces étant limitées par des lignes, leurs projections se composent des projections des lignes qui en forment le contour. Les surfaces renfermées dans les lignes projetées sont par conséquent les projections des surfaces originales. Cette seule indication suffit pour projeter toutes espèces de surfaces. Néanmoins, comme les surfaces planes ont une grande importance dans la méthode des projections attendu qu'elles servent à résoudre toutes les opérations, nous allons donner les projections de cette espèce de surface.

55. Projections des surfaces planes. — Les projections d'une surface plane de l'espace L M N O (*fig.* 38), perpendiculaire à deux plans de projection P et Q, sont exprimées sur ces deux plans par deux droites $o\,n$, $l'\,o'$. Dans ce cas, la surface L M N O étant parallèle au plan latéral R, a pour projection sur ce plan une surface $l_1\,m_1\,n_1\,o_1$ qui lui est égale et parallèle.

Les projections d'une surface plane de l'espace L M N O (*fig.* 39), oblique aux plans de projection, sont exprimées par les surfaces $l\,m\,n\,o$, $l'\,m'\,n'\,o'$, $l_1\,m_1\,n_1\,o_1$ dans chaque plan P, Q, R, plus petite que la surface originale.

56. Les projections des divers bâtis de caisse nous donneront, sur leurs faces dressées à la varlope, des projections analogues à celles que nous venons de trouver, mais lorsque l'on construit les projections de ces surfaces, on conçoit leur plan prolongé jusqu'à ce qu'il rencontre l'un des plans de projection. La trace qui en résulte sert ensuite d'axe de rotation ou de rabattement pour ramener la figure considérée parallèlement à l'un des plans de projection ou sur l'un de ces plans.

Soit L M N O (*fig.* 40), une surface perpendiculaire aux deux plans P et Q, le plan S de cette surface coupera les deux plans P et Q suivant des droites A B, A C, que l'on nomme *traces* du plan S sur les deux plans de projection. La surface étant supposée perpendiculaire aux plans P et Q, les traces A B, A C du plan S, sur ces plans sont perpendiculaires à l'intersection X Y.

57. Tout plan perpendiculaire à l'un des deux plans de projection a sa trace sur l'autre perpendiculaire à leur intersection commune. Soit S (*fig.* 41) un plan perpendiculaire à l'un des deux plans de projection, au plan horizontal P, par exemple, la trace A C du plan S sur le plan vertical Q est perpendiculaire à X Y. En effet, le plan P, étant perpendiculaire aux deux plans Q et S, est perpendiculaire à leur intersection commune A C (**art. 37**).

58. Tout plan S oblique à deux plans de projection P et Q (*fig.* 42) a ses traces A B, A C dans chaque plan obliques à leur intersection commune X Y. En effet si l'une des traces était perpendiculaire à l'intersection commune des plans de projection, celle du plan vertical par exemple, le plan S serait alors perpendiculaire au plan horizontal (**art. 57**), ce qui est contraire à l'hypothèse.

Deux plans de projection suffisent pour y rapporter un plan de l'espace. Néanmoins, si la position des deux premiers plans de projection, qui presque toujours est déterminée par la forme de l'objet qu'on y rapporte, était telle qu'un plan de l'espace ne puisse y être exprimé par ses deux traces, ce qui arriverait, par exemple, si la trace A B du plan S et du plan horizontal P (*fig.* 43) était parallèle à X Y ou d'une obliquité telle qu'elle ne pût rencontrer cette droite dans le cadre de l'épure. Dans ce cas on fait usage d'un plan latéral ou auxiliaire R, pour y rapporter la trace verticale A C.

La projection d'un solide consiste à projeter les surfaces qui l'enveloppent. On projette d'abord les angles solides, puis les lignes d'intersection de surfaces; les projections ainsi obtenues sont les projections demandées.

59. Pour bien lire les opérations que comportent les plans de projection, il faut toujours les concevoir perpendiculaires entre eux, comme nous les avons supposés ici. Mais on comprendra que s'il fallait exécuter les dessins sur un système de plans ainsi disposés, les opérations seraient très-longues. Aussi l'on a imaginé, pour abréger le travail des projections, de réunir tous les plans de projection sur une même surface plane; on les sépare seulement deux à deux par une droite que l'on considère comme leur intersection commune.

Pour ramener dans cette hypothèse les plans de projection que nous avons considérés de la figure 27 à la figure 43, il faut supposer que l'un d'eux restant fixe, les deux autres, entraînant avec eux leurs projections, ont tourné autour de leur intersection comme charnière pour venir se rabattre sur le premier plan. Il nous suffira d'un exemple pour faire concevoir ce mouvement de rotation.

Soient P, Q et R les trois plans de projection (*fig.* 45). Admettons que le plan horizontal reste fixe. On fait tourner le plan vertical Q autour de l'intersection X Y comme charnière, d'un quart de cercle C D jusqu'à ce qu'il soit rabattu en Q' sur le plan horizontal. On suppose que le plan latéral R, entraîné par le plan Q, est venu se projeter sur Y Y''. Il suffit ensuite de faire tourner le plan R autour de cette droite, de la même manière que le plan Q a tourné autour de X Y.

Après le rabattement, les trois plans présentent la dispotion que montre la figure 46 où l'intersection X Y est ramenée parallèlement aux yeux du lecteur. Le plan horizontal est au-dessous de cette ligne, le plan vertical au-dessus et le plan latéral à droite. Pour reconstruire les plans de cette figure tels qu'ils doivent être quand on raisonne sur les projections, il faut supposer que les deux plans Q et R se relèvent verticalement sur le plan horizontal en tournant d'un quart de cercle autour de l'intersection X Y, comme charnière, et qu'ensuite le plan R tourne autour de son intersection Y''Y avec le plan vertical, laquelle se projetera en Y, de façon que la ligne de terre YY_{11}, vienne sur le plan horizontal en YY_1.

Les deux projections a, a' (*fig.* 45) d'un point de l'espace se trouvent après le rabattement sur une droite $a\,a''\,a'''$ perpendiculaire à X Y. En effet, les perpendiculaires abaissées des projections a et a' d'un point de l'espace sur X Y rencontrent cette droite en un point unique a'' (**art. 47**). Or, lorsque le plan vertical tourne autour de X Y, la droite $a'\,a''$ ne cesse pas dans ce mouvement d'être perpendiculaire à cette ligne, et lorsque le plan vertical est rabattu sur le plan horizontal, la droite $a'''\,a''$ ne forme plus qu'un seule droite avec la ligne $a''\,a$, puisque toutes deux sont dans le même plan et perpendiculaires à X Y en un même point.

En réunissant tous les plans de projection sur une même surface, on voit combien ce procédé facilite l'exécution des dessins. En effet, dès ce que l'on a la projection a d'un point de l'espace dans un plan quelconque P (*fig.* 46), on est certain que la projection a' dans l'autre plan Q se trouve sur une droite indéfinie $a\,y$, menée par la projection a perpendiculairement à l'intersection X Y des deux plans de projection.

Jusqu'alors nous avons seulement défini les figures géométriques dont nous ferons usage et donné un aperçu de la méthode des projections d'une manière abstraite. Nous nous sommes servi pour cela de figures représentées en perpective sur lesquelles nous avons simplement énoncé les propositions principales, attendu que les opérations qui ont pour objet de donner exactement la grandeur des lignes, des surfaces et les angles qu'elles forment entre elles ne peuvent être réalisées sur ces figures.

Nous allons maintenant exercer nos lecteurs à la méthode des projections en indiquant la manière de procéder pour représenter une caisse de phaéton sur trois plans de projection, tels que nous les disposerons pour toutes les caisses. Avant, toutefois, nous allons exposer le mode de représentation, les règles de ponctuation et les notations que nous nous proposons de suivre.

60. Mode de représentation des points, des lignes et des surfaces. — Nous désignerons par des lettres majuscules A, B, C, D... les points, les lignes et les surfaces de l'espace, ainsi que les points, les lignes et les surfaces qui seront pris sur les plans de projection ; par des lettres minuscules a, b, c, d... correspondant aux mêmes points, les projections horizontales ; par les mêmes lettres minuscules accentuées a', b', c', d',... les projections verticales, et enfin par les mêmes lettres minuscules affectées d'un indice a_1, b_1, c_1, d_1,... pour les projections sur un plan latéral. Dans les changements de plans, les rotations ou rabattements des figures, les mêmes points conservent les mêmes lettres chargées de plusieurs accents ou de plusieurs indices. Il ne sera fait d'exception à cette règle que dans le cas où toutes les lettres de l'alphabet seraient déjà employées dans la figure.

Nous exprimons un point, une ligne, une surface de l'espace par leurs projections placées entre parenthèses ; ainsi (a a') exprimera les projections sur le plan horizontal et sur le plan vertical d'un point A ; (a b, a' b') les projections d'une ligne AB ; et enfin ($abcd$, $a'b'c'd'$) les projections d'une surface ABCD.

Les projections sur trois plans de projection seront indiquées de la même manière en ajoutant aux projections des deux premiers plans celle du troisième. Ainsi (a a' a_1) indique les projections d'un point A de l'espace sur trois plans de projection.

Un point, une ligne, une surface, peuvent également être définis par leurs projections sur les deux plans verticaux ; ainsi (a' a_1) exprimera les projections d'un point A ; (a' a_1, b' b_1) les projections d'une ligne AB ; ($a'b'c'd'$, a_1 b_1 c_1 d_1) les projections d'une surface ABCD.

Toutes les projections que nous avons considérées jusqu'alors ont été ainsi représentées : il ne leur manque que la parenthèse. Seulement comme les plans de projection sont en perspective ; les points, les lignes et les surfaces de l'espace ont été figurés et indiqués par des lettres majuscules. Mais dans le système géométral tout ce qui est considéré dans l'espace, étant exprimé par des projections indiquées par des lettres minuscules sur les plans de projection, les lettres majuscules disparaissent ; elles sont seulement conservées sur les plans de projection : 1° pour désigner les points, les lignes et les surfaces prises sur ces plans ; dans ce cas, le point dans le plan où il se trouve et sa projection se confondent ; 2° lorsque par suite d'un mouvement de rotation, les points, les lignes et les surfaces de l'espace se trouvent rabattus sur l'un des plans de projection ; alors les points sont désignés par des lettres majuscules sans accent dans le plan horizontal, accentuées dans le plan vertical et affectées d'un indice dans le plan latéral.

Les traces d'un plan de l'espace sur les plans de projections sont désignées par une même lettre majuscule, sans accent dans le plan horizontal, accentuée dans le plan vertical et affectée d'un indice dans le plan latéral. Ainsi (S S') indiquera un plan de l'espace ayant ses traces sur le plan horizontal et sur le premier plan vertical et (SS_1) un plan de l'espace ayant ses traces sur le plan horizontal et sur le plan latéral.

L'intersection du plan vertical et du plan horizontal est indiquée par X Y (*fig.* 46) ; celle du plan horizontal et du plan latéral par YY_1 ; lorsque le plan latéral est rabattu l'intersection YY_1 vient en YY_{11} sur le prolongement de X Y, la droite Y Y' est l'intersection des deux plans verticaux.

61. Règle de ponctuation. — On représente par un trait plein A B (*fig.* 44), les lignes visibles ; par un trait ponctué ou à point rond C D les lignes cachées ; par un trait discontinu E F les lignes d'opération, notamment celles qui relient les projections d'un même point. Les figures qui comportent les mêmes données et qui indiquent après le rabattement, le résultat de l'opération, sont représentées de la même manière par les mêmes traits, mais plus forts. Enfin les lignes d'opérations importantes, telles que les traces d'un plan, seront formées de petits traits et de points ronds alternant G H.

62. Pour dessiner un objet quelconque, il faut d'abord être fixé sur ses dimensions et sur sa forme : ce sont là les données premières indispensables. Mais les dimensions et les formes des caisses variant : les premières en raison des besoins particuliers et des différents genres de caisse, les secondes en raison du goût, de la mode, des caprices..., nous examinerons ces données dans la deuxième partie, voulant ne traiter dans celle-ci que des principes généraux applicables à toutes les caisses. Seulement, pour fixer les idées sur les conventions relatives à la représentation des corps, nous prenons une caisse de phaéton, parce qu'elle renferme les deux espèces de surfaces, plane et courbe, que nous aurons à considérer dans les autres caisses.

Les deux côtés des caisses étant semblables par symétrie, les démonstrations faites sur l'un seront applicables à l'autre. Ainsi, à l'exception de quelques figures données tout exprès pour définir la génération des surfaces, toutes les caisses seront représentées par moitié. Nous supposerons toujours la partie inférieure de la caisse placée sur le plan horizontal ; le plan vertical ou d'élévation passant dans l'axe longitudinal et le plan latéral ordinairement à droite sur le prolongement du plan vertical. La figure 47 qui comporte un dessin de caisse de phaéton représentée par moitié à l'échelle de 1/10, est construite dans cette hypothèse et d'une manière analogue à la figure 28. La seule différence qu'il y ait entre ces deux figures, c'est que l'une, étant en perspective, montre les points, les lignes et les surfaces de l'espace qui sont indiqués par des lettres majuscules, tandis que dans la figure 47 les mêmes points, les mêmes lignes et les mêmes surfaces sont rapportées sur les plans par des projections, indiquées par des lettres minuscules.

Le dessous du fond (*fig.* 47) étant posé sur le plan horizontal se projettera sur le plan vertical suivant la ligne de terre de g en c', par conséquent tous les autres points de la caisse se projetteront dans ce plan au-dessus de la ligne de terre.

De même, l'axe de la caisse étant situé dans le plan vertical, tous les points appartenant à cet axe se projetteront dans le plan horizontal suivant la ligne de terre de h_0 en b_0. Tous les autres points considérés étant supposés en avant du plan vertical viendront se projeter dans le plan horizontal au-dessous de la ligne de terre.

Il en sera de même pour le plan latéral : tous les points appartenant au-dessous du fond de la caisse se projetteront sur la ligne de terre de f en t_1, et tous les points appartenant à l'axe sur Y′ Y de i en f. Tous les autres points considérés de la caisse se projetteront à droite de Y′ Y.

Les instruments dont on se sert pour l'exécution des tracés sont la règle, l'équerre, le té et le compas. Les pièces de raccord connues sous le nom de *pistolet*, dont on fait usage dans d'autres industries pour tracer les courbes ne sont point usitées dans la menuiserie en voitures; on les remplace par des *calibres* ou *gabaris* (nous conserverons la première dénomination parce qu'elle est la plus usitée). Pour tracer les courbes, on en fait d'abord l'esquisse sur le dessin; puis on les relève avec un papier à calquer ou par tout autre moyen pour les transporter sur un feuillet de bois destiné à faire les calibres; on découpe ensuite les calibres à la scie et on les termine avec un outil appelé *guillaume à queue*.

Le papier que l'on emploie de préférence pour les plans en grand, est le papier noir ciré, parce que l'on peut laver les traits, exécutés ordinairement à la craie blanche sur sa surface, avec une éponge légèrement imbibée d'eau. Quel que soit le papier employé pour plans en grandeur d'exécution ou pour dessins réduits à une échelle quelconque, il est toujours bon de le tendre parfaitement sur une surface plane. Pour cela, on mouille, avec une éponge, toute la surface du papier, ensuite on l'arrête tout autour à l'aide de tringles en bois que l'on fixe avec des clous distancés de 12 à 15 centimètres; ou, s'il s'agit de petits dessins, on colle le papier sur les bords avec de la gomme ou on l'arrête par tout autre moyen. Les papiers carton ou bristol étant trop épais pour que l'eau les pénètre également, on s'en sert sans les mouiller.

Les petits dessins s'exécutent ordinairement sur une surface placée horizontalement ou un peu inclinée comme le sont ordinairement les pupitres, mais les plans en grand s'exécutent préférablement sur une surface verticale parce que pour embrasser l'ensemble d'un coup d'œil il faut pouvoir s'en éloigner de quatre ou cinq mètres.

Ceci posé, nous allons indiquer la manière de procéder pour exécuter les projections sur chaque plan. Comme il s'agit ici de l'exécution, nous supposons les trois plans réunis sur une même surface plane.

On commence par former sur la feuille de dessin un trait carré composé de la ligne de terre XY et d'une autre droite Z Z′ Z″ (*figure* 47). On divise la feuille avec ces deux droites de manière que la première X Y détermine le plan horizontal et le plan vertical; et que la seconde Z Z′ Z″ passe par l'un des points j' où l'on fixe ordinairement les largeurs de la caisse. C'est ensuite à partir de ces deux lignes que l'on porte toutes les dimensions.

On commence d'abord par les projections verticales et par les parties principales. Pour une caisse de phaéton on procède comme suit : on porte la hauteur du coffre qui est ici le corps de la caisse de Z′ en j', le dessus du coffre étant parallèle au dessous, on mène par le point j' une droite indéfinie j' b' parallèle à X Y et sur laquelle on porte la longueur du coffre de j' en b'; la droite j' b' ainsi obtenue est la projection du dessus du coffre en élévation. On porte ensuite la profondeur du siége à rotonde de j' en K′, puis la largeur du pied d'entrée de j' en a'; par le point a' on mène la droite l' d' qui donne la projection du pied d'entrée en arrière; on porte ensuite la hauteur de la rotonde de m' en l', la hauteur du pied de coquille de h_0 en h', puis la distance de j' en h'. Enfin on termine les projections verticales en traçant la courbe l' j' n' du pied d'entrée; la ligne h' n' du dessus de coquille, les moulures de la rotonde, le pied de la coquille et les droites O′K′ et b' c' dont la première forme l'intersection du plan vertical et du milieu de la rotonde sur le derrière et la seconde la projection du derrière du coffre. L'inclinaison des droites l' d', O′ K′, b' c' n'ont pas d'autres lois que le goût du jour. On trace aussi la projection x' y' du dessus de passage de roues, mais les projections p', q', r', s' ne peuvent être déterminées qu'après celles correspondant aux mêmes points du plan horizontal. A l'exception des projections du passage de roues toutes les autres sont données dans le plan vertical sans le secours des deux autres plans de projection.

Les projections du plan vertical donnent deux dimensions de la caisse, longueur et hauteur; il nous reste par conséquent à déterminer les dimensions en largeur. Dans la menuiserie en voitures on commence par les fixer sur le plan latéral comme suit :

Par les points principaux de la caisse tels que l', j', où l'on fixe ordinairement les largeurs, on mène des lignes d'opération $l' l'' l_1$, $j' j'' j_1$, parallèlement à X Y. On porte sur ces lignes dans le plan latéral et à partir de Y' Y les demi-largeurs de la caisse, d'abord la demi-largeur de la rotonde $l'' l_1$ ou $j'' j_1$ selon l'endroit où la dimension est fixée ; puis les demi-largeurs $j'' b_1$, $f c_1$ du coffre ; on porte à partir du point c_1 la distance $c_1 t_1$ d'un centimètre environ pour la saillie du pied d'entrée sur le coffre. Joignant ensuite les points ainsi obtenus par les droites $j'' b_1$, $b_1 c_1$, la courbe $l_1 j_1 t_1$ et traçant la moulure du bas de la rotonde au-dessus de $j'' j_1$ ainsi que le ravalement 1 2 du panneau, on aura toutes les projections du plan latéral, à l'exception de la moulure du haut de la rotonde dont la projection ne peut être rigoureusement déterminée qu'avec le concours des deux autres plans de projection. La forme de la courbe $l_1 j_1 t_1$ et l'inclinaison de la droite $b_1 c_1$ varient selon le goût du jour.

Pour construire les projections du plan horizontal, il faut d'abord y rapporter les dimensions en longueur et en largeur déterminées sur les deux autres plans de projection. On commence par abaisser de tous les points h', n', j', l', a', b', c', d', O', K' du plan Q, des lignes droites d'opération $h' h$, $n' n$, $j' j$, $l' l$, $a' a$, $b' b$, $c' c$, $d' d$, $O' o$, $K' k$, perpendiculairement à X Y et prolongées suffisamment dans le plan P. On porte sur ces droites, à partir de X Y les largeurs correspondantes déterminées dans le plan R ; par exemple $h'' h_1$ de h_0 en h ; $j'' j_1$ de Z' en j ; $l'' l_1$ de l_0 en l ; $j'' b_1$ de b_0 en b et de a_0 en a ; $f c_1$ de c' en c et de d' en d. Joignant ensuite par les droites $h_0 h$, $c' c$, $b_0 b$, $b c$, $b a$, $a d$, $t h$, et par la courbe $l j n$ les points ainsi obtenus, nous aurons sur le plan horizontal les projections déjà déterminées sur les deux autres plans. Les quatre courbes A, B, C, D qui donnent la projection du passage de roues, sont des arcs de cercle décrits du point E comme axe de la cheville ouvrière de l'avant-train (dans la deuxième partie où nous traiterons des passages de roues nous reviendrons sur celui-ci). Les intersections de ces courbes et du côté de la caisse ont pour projection sur le plan horizontal les points p, q, r, s. On obtient les projections verticales en menant par ces points des lignes d'opération $p p'$, $q q'$, $r r'$, $s s'$ perpendiculairement à X Y ; les points p', q', r', s' de leur intersection avec le dessous du fond et le dessus du passage, déterminent les mêmes projections en élévation. Joignant $p' q'$, $q' r'$, $r' s'$ on aura sur ce plan la projection du passage de roues du côté de la caisse.

La projection du dessus de la rotonde est déjà déterminée sur le plan P par deux de ses points l et o pris à l'extérieur sur la moulure du haut. Quant à la courbe $l u o$ elle est tracée arbitrairement, mais l'autre $j v k$ qui donne la projection extérieure du bas de la rotonde, est déduite de la première ainsi que nous le démontrerons dans la seconde partie.

Ayant les deux projections ($l u o$, l' O') du dessus de la moulure de rotonde sur les plans P et Q, il est facile maintenant de construire la projection de cette moulure sur le plan R. Les deux extrémités l_1 et o_1 de son arête supérieure étant déjà déterminées sur ce plan, il suffit de construire la projection d'un point intermédiaire pour qu'il soit possible de tracer ensuite la projection de la ligne tout entière. On prend ce point intermédiaire au milieu de l'angle arrondi de la ligne, et comme cet angle est sensiblement projeté dans toute son étendue sur le plan P, la projection du point proposé se trouve en u sur ce plan. On mène par la projection u une perpendiculaire à X Y prolongée dans le plan vertical jusqu'à ce qu'elle rencontre l' O' en u' ; ce dernier point est la projection du point proposé sur le plan Q. Menant par cette nouvelle projection une horizontale indéfinie $u' u_1$ on porte ensuite sur cette ligne la distance $u_0 u$ du plan P, à partir de Y' Y jusqu'en u_1 ; ce dernier point est la projection demandée. Joignant l_1, u_1, o_1 la ligne $l_1 u_1 o_1$ est la projection sur le plan R de l'arête extérieure de la moulure de rotonde en dessus. On trace ensuite l'arête du dessous de cette moulure parallèlement à la première, en projetant sa hauteur qui est déterminée sur le plan Q.

Les lignes que comportent les trois plans P, Q et R nous donnent les projections de toutes les arêtes visibles du dessus, du côté et du derrière de la caisse, et il n'est pas un seul point appartenant à ces arêtes dont on ne puisse construire les projections sur ces trois plans en procédant comme nous avons fait pour le point (u, u', u_1). La ligne O' K' sur le plan vertical et la ligne $l_1 J_1$ sur le plan latéral nous donnent en outre le contour apparent du siége à rotonde sur ces deux plans.

Dans la pratique, lorsqu'il s'agit seulement de construire une caisse de phaéton, il n'est pas nécessaire de projeter toutes les arêtes sur le plan horizontal et sur le plan latéral comme nous l'avons fait ici. Il suffit des projections $l u o$, $j v k$ de la rotonde sur le plan P et $l_1 j_1 t_1$, $b_1 c_1$ sur le plan R. Mais les démonstrations qui précèdent, du n° 38 au n° 62, ayant pour objet la représentation des corps, il fallait, pour qu'elle fût complète, que toutes les arêtes visibles fussent projetées sur chaque plan de projection.

63. — Maintenant que nous avons projeté sur la figure 47 toutes les arêtes formées par l'intersection de différentes faces d'une caisse de phaéton représentée en perspective à la figure 28, il nous est facile de fixer les idées sur les notations employées dans le système des projections pour désigner un point, une ligne ou une surface ; ainsi que nous avons exposé cette convention d'une manière abstraite (**art. 60**).

Considérons un point quelconque de la caisse, par

exemple, le point B situé à l'angle solide des trois faces L, M, N, de la figure 28. Ici le point B indique parfaitement l'angle solide dont il s'agit et ne peut être confondu avec un autre point, parce que la figure est en perspective. Mais dans les trois plans de la figure 47 il n'y a aucun point qui, pris isolément, indique le même angle. Il faut, pour que le point proposé puisse être déterminé, le concours de deux plans de projection qui nous donneront deux projections du point. En effet, soit le point b' l'une des projections du point sur le plan vertical ; mais le point b' exprime sur ce plan la projection de toute l'arête intersection de la face du dessus et du derrière de la caisse, laquelle est projetée sur les deux autres plans P et R suivant $b_0\ b$ et $f''\ b_1$; par conséquent tous les points appartenant à cette ligne viendront se projeter sur le plan vertical en b'; donc cette projection ne détermine aucun point. Mais si à la projection verticale b' on ajoute la projection horizontale b le point proposé est parfaitement défini ; en effet la distance $b_0\ b$ du plan vertical à la projection horizontale donne la distance du point au milieu de la caisse ; de même la hauteur $b_0\ b'$ du plan horizontal à la projection verticale donne l'élévation du point au-dessus du plan horizontal. Or le point proposé se trouvant à l'intersection de deux perpendiculaires élevées à chaque plan P et Q par les projections b et b', (**art. 45**), la première égale à $b_0\ b'$, la seconde à $b_0\ b$; de plus ces deux perpendiculaires se trouvant dans le même plan (**art. 46**) le point B de la figure 28 est donc parfaitement déterminé sur la figure 47 par ses deux projections b et b'. C'est pourquoi on l'exprime sur ces plans par la notation (b, b') ou (b', b_1) si l'on veut définir le point sur les plans Q et R.

Remarquons ici que les deux projections d'un point quelconque (b, b') que l'on veut déterminer doivent toujours se trouver sur une même droite $b\ b_0\ b'$ perpendiculaire à l'intersection commune X Y des deux plans de projection (**art. 59**).

Le raisonnement que nous venons de faire à l'égard d'un point est applicable à une ligne, par exemple l'arête B C (*fig.* 28), intersection des faces L et N n'est point définie par sa projection verticale $b'\ c'$ (*fig.* 47). En effet, cette ligne projette sur le plan vertical toute la face du derrière de la caisse, par conséquent toutes les lignes que l'on pourrait tracer sur cette face se projetteraient suivant $b'\ c'$; donc cette projection n'en définit aucune. Mais si à la projection $b'\ c'$ du plan vertical nous ajoutons la projection $b\ c$ ou $b_1\ c_1$ des deux plans P et R, l'arête B C de la *figure* 28 sera parfaitement déterminée sur la *figure* 47. On l'exprime sur les deux plans P et Q par la notation $(b\ c,\ b'\ c')$ et sur les plans Q et R par $(b'\ c',\ b_1\ c_1)$.

Les mêmes démonstrations sont applicables à une surface quelconque, la surface L, *fig.* 28, n'est point déterminée sur la *figure* 47 par la projection verticale $a'\ b'\ c'\ d'$. En effet, le périmètre de cette figure, pris isolément, exprime sur ce plan la projection de tout le corps de la caisse. Mais si, à la projection verticale $a'\ b'\ c'\ d'$, nous ajoutons une autre projection, soit celle du plan horizontal $a\ b\ c\ d$ ou celle du plan latéral $b_1\ c_1$, la surface L de la *figure* 28 sera parfaitement déterminée sur la *figure* 47. On l'exprimera sur cette figure par la notation $(a\ b\ c\ d,\ a'\ b'\ c'\ d')$ pour les deux plans P et Q et par la notation $(a'\ b'\ c'\ d',\ b_1\ c_1)$ pour les plans Q et R.

On reconnaît que deux lignes se coupent lorsque les points d'intersection de leurs projections dans chaque plan de projection, tombent sur une même droite perpendiculaire à l'intersection commune de ces deux plans. Ainsi les droites $(a\ b,\ a'\ b')$, $(b\ c,\ b'\ c')$ (*fig.* 47) se coupent en un point (b, b'); car les deux projections b et b' de ce point tombent sur une même droite $b\ b_0\ b'$ perpendiculaire à l'intersection X Y des deux plans P et Q.

64. Génération des surfaces. — La convention qui sert de base à la méthode des projections est suffisante pour exprimer la forme de tous les corps terminés par des faces planes, comme le corps de la caisse que nous venons de considérer ; parce que, dans ce cas, toutes les projections des intersections de surfaces sont des lignes droites. Mais, lorsqu'il s'agit de surfaces courbes, les projections de leurs intersections ou de leur contour apparent ne sont pas toujours suffisantes pour faire connaître la nature de ces surfaces. D'ailleurs, avant qu'il soit possible de déterminer la forme des lignes d'intersection de surfaces, il faut déjà que la nature de ces surfaces soit connue.

Pour définir la forme des corps réguliers, les géomètres ont imaginé de considérer leur surface comme si elle était engendrée par le mouvement d'une ligne droite ou courbe, de forme constante ou variable quand elle se meut, et dont la loi du mouvement dépend de la nature de la surface à engendrer. Ils ont appelé *génératrice* la ligne qui, dans son mouvement, engendre la surface, et *directrice* toute ligne suivant laquelle la génératrice se meut.

D'après cette nouvelle convention une surface est définie lorsque, pour un point quelconque de cette surface, on peut : 1° faire passer une génératrice par ce point suivant une position déterminée ; 2° donner la forme que la génératrice affecte en passant par le point et par la position assignée.

Le plus souvent on fixe la position de la génératrice dans un plan horizontal, ou dans un plan vertical perpendiculaire aux deux plans de projection, passant l'un ou l'autre par le point donné. L'intersection de la surface donnée et du plan horizontal ou vertical qui la coupe est une génératrice de la surface.

Cette nouvelle convention supplée et complète la méthode des projections : elle la supplée parce qu'il serait impossible de projeter tous les points d'une surface pour en faire connaître la forme ; elle la complète en fournissant le moyen de déterminer sur les surfaces autant de points qu'il est nécessaire pour la représentation et la construction d'un objet quelconque de forme régulière (1).

Dans la deuxième partie, où nous définirons les différentes surfaces courbes dont les caisses sont composées, nous ferons connaître les formes et les positions particulières qu'il convient d'assigner à leur génératrice et à leur directrice. Dès maintenant, pour fixer les idées sur cette nouvelle convention et pour compléter la méthode relative à la représentation des corps, nous allons donner un exemple de génération de deux surfaces par le mouvement d'une ligne droite.

65. Le plan, qui est la plus simple des surfaces, peut être regardé comme engendré par le mouvement d'une droite dont tous les points décrivent des droites parallèles. Si le plan est déjà donné de position par deux droites qui se coupent en un point, on pourra prendre l'une quelconque des deux droites pour génératrice et l'autre pour directrice. La face L (*fig.* 28) est un plan dont la position est déterminée par les deux droites AB et BC. Prenant la droite BC pour génératrice, nous supposons qu'elle se meut parallèlement à sa position première en glissant sur la droite AB comme directrice. Dans ce mouvement, la génératrice engendre la face L, et l'on peut regarder les traits de teinte de cette face comme s'ils étaient tracés par la génératrice. Si, au contraire, on prend la droite AB pour génératrice et la droite BC pour directrice, on pourra regarder les traits de teintes comme indiquant les positions successives de la génératrice sur la face L, et chaque trait de teinte en particulier est une génératrice de cette face.

Nous allons maintenant donner un exemple de l'emploi des génératrices pour déterminer un point d'une surface.

Soit un point quelconque (q, q') (*fig.* 47) dont il faille déterminer les deux projections à l'aide des deux données suivantes : 1° que le point doit se trouver sur la surface $(abcd, a'b'c'd')$ de la caisse et à la partie la plus élevée du passage de roue; 2° que sa projection horizontale doit tomber sur l'arc de cercle B, décrit du point E comme centre.

Puisque le point proposé doit se trouver à la partie la plus élevée du passage de roues, menons une horizontale $x'y'$, à cette hauteur elle passera par la projection verticale du point; mais actuellement nous ne savons pas encore où tombera cette projection. Nous considérons la droite $x'y'$ comme la projection verticale d'une génératrice de la surface $(abcd, a'b'c'd')$ ou aura la projection horizontale de cette droite en menant par les projections déjà déterminées x' et y' des perpendiculaires à XY jusqu'à leur rencontre avec les droites ad et bc en x et en y; la droite xy, qui joint ces deux derniers points est la projection horizontale demandée.

Ayant les deux projections horizontales et verticales de la génératrice $(xy, x'y')$ les deux projections du point (q, q') sont faciles à trouver, la première q est déjà déterminée par l'intersection de l'arc de cercle B avec la projection horizontale xy de la génératrice. Mais les deux projections d'un même point sont (**art. 59**) sur une même droite perpendiculaire à l'intersection XY des deux plans de projection ; de plus l'autre projection doit tomber sur $x'y'$, donc elle tombe en q' à l'intersection de la perpendiculaire qq' à XY avec la projection verticale $x'y'$ de la génératrice.

66. Génération d'une surface courbe par le mouvement d'une droite. — La figure 48 nous montre le devant de la caisse d'un phaéton posée sur un plan horizontal. Si l'on conçoit qu'une droite horizontale A B, actuellement appliquée à la partie supérieure des pieds d'entrée de la caisse, se meuve de haut en bas parallèlement à sa position première, en s'appuyant constamment sur les arêtes abc, $a'b'c'$ des pieds d'entrée considérées comme directrices, cette droite engendrera les faces C et C' en avant des pieds, ou, ce qui est exactement la même chose, pour que les faces C et C' soient bien exécutées, il faut qu'elles soient telles qu'une droite horizontale A B, appliquée à une hauteur quelconque sur ces faces, y coïncide parfaitement.

La surface engendrée ainsi par le mouvement d'une droite qui se meut parallèlement à elle-même est plane lorsque la directrice est un ligne droite (**art. 65**) et cylindrique lorsque la directrice est une ligne courbe.

Lorsque les faces des diverses pièces de bois, placées symétriquement chaque côté d'une caisse, comme celles des pieds d'entrée de phaéton que nous venons de considérer, sont dans un même plan ou dans une même surface cylindrique, les menuisiers en voitures disent qu'elles sont *à la règle*, parce que, lorsqu'ils assemblent les caisses, pour s'assurer si les bâtis placés symétriquement de chaque côté sont bien montés, ils appliquent sur ces faces, en divers endroits, le champ d'une règle qu'ils ont soin de maintenir horizontalement. Or les faces sont bien exécutées et les bâtis bien montés lorsque le champ de la règle ainsi placé coïncide parfaitement sur elles.

Presque toutes les surfaces qui limitent le devant, le derrière, le dessous et le dessus des caisses, à l'exception des pavillons et des derrières de caisse où l'on fait quelquefois des surfaces à double courbure, sont des surfaces planes ou cylindriques qui ont pour génératrice une droite horizontale, soit que ces surfaces se trouvent remplies par des

(1) Par forme régulière nous n'entendons pas seulement ici les lignes et les surfaces que la géométrie considère et dont tous les points peuvent être déterminés par la méthode analytique, mais encore toutes les surfaces dont il nous sera possible de déterminer la position d'un point quelconque, par une construction graphique, après avoir défini la loi de sa génération.

panneaux, soit qu'elles se composent seulement de faces de bâtis comme celles C et C' que nous venons de considérer.

Ce mode de génération est celui qui offre le plus de facilités pour l'exécution des caisses, parce que toutes les traverses qui en assemblent les côtés, pouvant être ainsi corroyées en ligne droite et composées en partie de surfaces planes, sont bien plus vite exécutées que si elles étaient cintrées dans le sens de leur longueur. En outre les assemblages tracés sur des surfaces planes ou cylindriques offrent toujours plus de précision et se font avec une bien plus grande célérité que ceux qui sont tracés sur des surfaces à double courbure. De plus les panneaux de passage de roues, de gorge de coffre, de derrière de caisse, lorsqu'ils sont beaucoup cintrés dans le sens de leur largeur, se maintiennent en ligne droite dans le sens de leur longueur. Or si les surfaces que nous considérons avaient double courbure, il faudrait faire usage, pour cintrer les panneaux, d'appareils qui entraîneraient toujours une grande complication de travail, encore, pour les maintenir en place de façon qu'ils ne s'y déforment pas, il faudrait qu'ils fussent soutenus en dedans par des bâtis très-rapprochés.

67. Ce sont évidemment ces diverses considérations qui ont fait adopter pour le devant, le derrière, le dessous et le dessus des caisses, les surfaces dont nous venons d'exposer le mode de génération. Ces surfaces, pour toutes les caisses sans exception, se projettent sur le plan vertical suivant une ligne qui est droite quand la surface est plane, et courbe quand la surface est cylindrique. Ainsi la surface du dessus du corps de la caisse d'un phaéton (*fig.* 47) étant plane se projette suivant la droite $a'\,b'$ et la surface qui limite les pieds d'entrée en avant étant cylindrique se projette suivant la courbe $l'\,j'\,n'$. Il suit de là que toute ligne $a'\,b'$.., $l'\,j'\,n'$.... peut être considérée comme la directrice de la surface qu'elle projette (1).

Les principes que nous venons d'exposer dans ce chapitre donnent une idée générale de la méthode relative à la représentation des corps à l'aide de figures géométrales. Cette méthode ne s'applique pas seulement à la surface des caisses, elle s'étend à tous les bâtis, c'est-à-dire à toutes les pièces de bois qui rentrent dans leur construction. Chaque pièce prise en particulier est un corps composé de surfaces planes.... de surfaces courbes.... absolument comme les caisses.

N'ayant pas à nous occuper dans ce traité ni des constructions de la perspective ni de la détermination des ombres, il nous restera seulement, pour compléter cette étude, à exposer dans la deuxième partie le mode de génération de surface particulier à chaque genre de caisse.

(1) On remarque à l'endroit du point n' sur le plan vertical (*fig.* 47) deux lignes, dont l'une vient se confondre en z' avec $l'\,j'\,n'$ et l'autre se termine en k'. Ces deux lignes représentent le dedans du pied d'entrée et du pied de coquille où on laisse du bois en dehors de la surface que nous venons de définir pour recevoir la bande de fer. Cette petite irrégularité est faite pour allégir le dehors de la caisse à l'endroit du point (n, n').

CHAPITRE II

ART DU TRAIT. — OPÉRATIONS SUR LES DROITES ET LES SURFACES PLANES

68. Les deux chapitres que renferme la première partie de cet ouvrage ont chacun un objet distinct. Le premier traitant de la représentation des corps à un point de vue général, s'adresse à l'artiste qui, ayant conçu la forme d'une caisse avec toutes ses dimensions, le mode de génération de toutes ses faces ou surfaces, lui fournit les moyens de représenter exactement sur les plans de projection toutes les projections des intersections de ces surfaces ou de leur contour apparent. Le deuxième a pour but, à un point de vue général aussi, l'exécution exacte des conceptions du premier ; il donne les méthodes pour déterminer avec précision les dimensions de toutes les pièces dont une caisse est composée, la grandeur des faces de tous les bâtis, les angles plans que les lignes de construction pour toutes les intersections, tous les assemblages, forment entre elles. Enfin l'angle dièdre que forment deux faces contiguës. Il n'y a que les intersections de surfaces courbes, dont le mode de génération sera exposé dans la deuxième partie, qui ne seront point traitées dans ce chapitre.

Lorsqu'il s'agit d'exécuter une caisse sur un plan donné contenant seulement les projections des intersections de surfaces comme la figure 47. On commence d'abord par construire toutes les surfaces planes dans leur grandeur comme il sera dit plus loin ; ensuite on trace sur chaque surface l'emplacement particulier de tous les bâtis qui la composent. Après quoi on exécute chaque face particulière des bâtis suivant les dimensions et les formes déterminées sur les plans (1).

69. Les éléments dont l'emploi est le plus simple, le plus facile et qui offrent en même temps le plus de précision pour transporter sur les bâtis avec exactitude les opérations faites sur les plans, sont les surfaces planes et les lignes droites. Cette seule remarque suffit pour indiquer l'ordre suivant lequel il faut procéder, et pour corroyer les bâtis, et pour y rapporter les opérations faites sur les plans. Si donc un bâti est composé de surfaces planes et de surfaces courbes, on commencera d'abord par exécuter les surfaces planes. Si le bâti est formé de plusieurs surfaces planes, on commencera par exécuter les plus grandes parce qu'elles offrent plus de facilité pour les faire avec précision. De même, si un bâti est composé de plusieurs surfaces courbes, on commence par exécuter celles qui sont les plus simples. Les plus complexes devant toujours être exécutées les dernières.

Il y a des bâtis de caisse qui sont entièrement composés de surfaces courbes lorsqu'ils sont terminés. Mais si ces bâtis sont assemblés avec d'autres bâtis, il faut, pour qu'il soit possible de tracer les directions des assemblages avec précision, former d'abord une surface plane sur l'une des faces. Après que toutes les opérations ont été tracées, on donne seulement au bâti sur cette face la forme qu'il doit avoir : les accotoirs de toutes les caisses renflées sont dans ce cas. Il n'y a absolument que les bâtis sans importance tels que les barres de brisements ou de custodes placés sous les panneaux, les courbes de pavillon..., qui sont ordinairement rapportés lorsque toute la charpente de la caisse est montée, où l'on se dispense d'y former des surfaces planes. Aussi ces bâtis presque toujours assemblés des deux bouts à entailles, sont tracés sans aucune précision.

Les opérations faites sur les plans sont nécessairement rapportées sur les bâtis dans l'ordre que ceux-ci sont cor-

(1) Les plans de projection dont se servent les menuisiers en voitures sont ordinairement confondus l'un dans l'autre. C'est-à-dire que les projections horizontales et latérales sont faites sur le plan vertical. Les tables dont ils font usage pour l'exécution des tracés n'ont très-souvent pas plus que la longueur et la hauteur de la caisse, ceci : 1° afin d'éviter les encombrements dans les ateliers; 2° afin d'être toujours à proximité pour tracer les lignes de construction et en relever les opérations sans être obligé de monter sur les tables, ce qu'il faudrait faire si les projections étaient séparées comme nous les présentons ici. Mais cela n'empêche pas de tracer les opérations avec exactitude ; il y a seulement une grande confusion de lignes, ce qu'il nous faut nécessairement éviter. Toutefois dans la deuxième partie nous exécuterons des projections sur le même plan comme les menuisiers afin de montrer la manière d'y appliquer nos opérations.

royés. Les lignes que l'on y trace d'abord pour les corroyer sont les intersections de surfaces. Les assemblages ne sont tracés que lorsque les bâtis sont corroyés au moins sur trois faces.

Les assemblages suivent l'ordre mentionné plus haut ; on rapporte les opérations qui les concernent sur les bâtis, d'abord sur les surfaces planes, ensuite sur les surfaces courbes les plus simples ; et de ce que celles-ci sont pour la plupart engendrées par des lignes droites horizontales comme celles que nous avons définies (**art. 66**) ; la direction des assemblages sur ces surfaces sont, pour toutes les traverses corroyées en ligne droite qui assemblent les côtés des caisses, des génératrices de la surface.

Ce que nous venons d'énoncer suffit pour démontrer l'importance des surfaces planes et des lignes droites en raison de leur emploi dans l'art du trait.

Nous ferons remarquer ici qu'un point pris sur un bâti indique toujours l'angle solide de plusieurs faces comme la ligne indique ordinairement l'intersection de deux surfaces. Si donc nous considérons une ligne isolément pour en déterminer la longueur ou la forme, c'est uniquement afin de déterminer la grandeur ou la forme d'une surface à laquelle cette ligne appartient.

70. Nous avons vu (**art. 52, 53 et 55**) que lorsqu'une droite, une courbe ou une surface plane de l'espace sont parallèles à l'un des plans de projection, leur projection sur ce plan leur est égale et parallèle. Dans toute autre condition, lorsque les lignes ou les surfaces planes sont inclinées d'une manière quelconque par rapport aux plans de projection, leurs projections sur ces plans sont toujours plus petites qu'elles. Dans la menuiserie en voitures, il y a une grande quantité de pièces qui sont inclinées par rapport aux plans de projection. Si donc on exécutait ces pièces d'après la grandeur exprimée par leur projection sur un seul plan, on commettrait des erreurs très-graves, et voici ce qui en résulterait : s'il arrivait que toutes les pièces fussent également inclinées et d'égale longueur, la caisse serait seulement exécutée d'après des dimensions plus réduites que celles suivant lesquelles elle aurait été conçue. Mais si, des différentes pièces dont se compose une caisse, les unes étaient beaucoup plus inclinées que les autres dans la même longueur, alors l'exécution sur une seule projection deviendrait impossible.

Les méthodes exposées dans ce chapitre ont pour objet, connaissant les projections de toutes droites, de toutes surfaces planes, inclinées d'une manière quelconque par rapport aux plans de projection, de déterminer : 1° la grandeur de ces droites et de ces surfaces planes ; 2° l'angle dièdre que deux surfaces planes contiguës forment entre elles.

71. Pour résoudre chacune de ces deux questions on fait usage de trois systèmes différents qui sont : les *rotations*, les *rabattements* (1) et les *changements de plans de projection*. Bien que ces trois systèmes conduisent au même but, leur emploi n'est cependant pas indifférent : chacun d'eux, dans certain cas, peut présenter des constructions plus simples et plus faciles suivant la position de la surface considérée par rapport aux plans de projection. Les exemples que nous donnons de leur emploi suffisent d'ailleurs pour montrer le système qu'il est préférable d'appliquer dans chaque cas.

Chacun des trois systèmes mentionnés plus haut a pour objet de ramener la surface considérée : ou parallèlement à l'un des plans de projection afin que l'on puisse l'y projeter dans toute sa grandeur ; ou sur l'un des plans de projection ; alors la surface et sa nouvelle projection se confondent sur ce plan. Dans ces deux cas, l'opération consiste toujours à transporter la surface inclinée dans une position horizontale ou verticale, puisqu'elle doit coïncider ou être parallèle à l'un des plans de projection qui ont ces directions.

Ce n'est pas seulement pour déterminer la grandeur d'une surface inclinée qu'on la ramène dans l'une des positions horizontales ou verticales, mais aussi pour représenter exactement sur cette surface et dans cette nouvelle position toutes les lignes de construction qu'elle comporte : la direction de toutes les intersections de surfaces, de tous les arasements d'assemblages des bâtis dont elle est composée ; toutes lignes enfin qui ne peuvent être rigoureusement déterminées que sur la surface rabattue ou projetée dans toute sa grandeur.

Pour fixer les idées sur l'emploi des rotations, des rabattements et des changements de plan de projection, nous

(1) Les menuisiers en voitures se servent de deux expressions qui ne sont pas logiques pour exprimer un rabattement ou un mouvement de rotation. Ils nomment *rallongement* la différence de longueur qu'il y a entre la surface rabattue sur un plan de projection et la projection de la surface sur ce plan avant le rabattement ; et particulièrement *redresser* l'opération qui consiste à ramener dans une position verticale une surface inclinée.

D'abord, pour la première expression, lorsqu'un objet est incliné d'une manière quelconque par rapport à deux plans de projection, il est représenté par ses deux projections sur ces deux plans, dans toute sa grandeur : donc il n'y a pas lieu de le rallonger, mais bien de déduire la grandeur de ses faces à l'aide des deux projections qui en sont données. D'un autre côté, l'expression rallonger ne pourrait encore convenir que dans le cas particulier où les objets représentés seraient formés de faces dont toutes les arêtes seraient des lignes droites parallèles. Mais il n'en est rarement ainsi, très-souvent les faces des objets sont composées de lignes courbes et de lignes droites de directions différentes. Or, si l'on compare sur un plan de projection, la projection d'une face inclinée et de la même face rabattue, on verra que la dernière n'est pas seulement plus longue dans un sens que la première, mais que toutes les lignes courbes, toutes les lignes droites inclinées d'une manière quelconque et tous les angles que ces lignes forment ont été modifiés : en sorte que la dernière face est plus grande que la première dans tous les sens.

Quant à *redresser*, on redresse un objet courbe qui avait été primitivement droit ; mais amener dans une position verticale une surface inclinée, ce n'est plus la même chose.

allons d'abord en faire l'application sur un triangle que nous considérons dans toutes les positions possibles. Ces préliminaires faciliteront considérablement la conception des constructions suivantes.

72. Soit A B C (*fig.* 49) (1) le triangle proposé construit de façon que l'un de ses côtés A C soit dirigé perpendiculairement au plan vertical Q. Le triangle A B C étant actuellement donné sur le plan horizontal P, se confond avec sa projection sur ce plan, et la projection verticale a lieu suivant aB de la ligne de terre. On propose maintenant de faire tourner le triangle autour de son côté A C, considéré comme axe fixe d'une charnière, et de déterminer, lorsqu'il sera dans une position quelconque de l'espace, ses nouvelles projections sur les plans P et Q.

Dans son mouvement de rotation autour de l'axe A C qui reste fixe, chaque point du triangle, se trouvant toujours à la même distance de l'axe, décrit une circonférence de cercle dont le plan est perpendiculaire à l'axe, et dont le centre se trouve à l'intersection de ce plan et de l'axe (**art. 32**). La circonférence de cercle de chaque point se projette ainsi, dans le plan horizontal où l'axe est donné, suivant une droite perpendiculaire à cet axe et en toute sa grandeur dans le plan vertical.

Pour démontrer cette proposition, considérons un point quelconque D du triangle A B C. Abaissons du point D une perpendiculaire O D sur l'axe A C ; la droite O D sera le rayon de la circonférence décrite par le point D dans le mouvement de rotation du triangle autour de A C, et le point O sera le centre de cette circonférence. Il est bien évident que, pendant le mouvement du triangle, la distance O D du point D à l'axe sera toujours la même, et, lorsque le triangle aura fait une demi-révolution, le point D se trouvera en D' à une distance O D' de l'axe, égale à O D, et sur le prolongement de cette ligne. Or le rayon O D, restant constamment perpendiculaire à l'axe, se projettera sur le plan horizontal, dans toutes ses positions, suivant la droite D D' qui contient toutes les projections du point D dans son mouvement autour de A C.

L'axe A C étant, par construction, perpendiculaire au plan vertical Q, le demi-cercle, décrit par le rayon O D est parallèle à ce plan et s'y projette dans toute sa grandeur (**art. 55**). Or, pour construire cette projection, on observera que le centre O du cercle se projette en a de la ligne de terre sur le prolongement de l'axe ; de ce point comme centre, avec O D pour rayon, on décrira la demi-circonférence $d'\,d''\,d'''\,d_0$ qui renfermera la projection demandée.

Les droites ad', ad'', ad''', ad_0 sont, sur le plan vertical, des projections successives du rayon O D, et la demi-circonférence $d'\,d''\,d'''\,d_0$ contient sur ce plan toutes les projections du point D. D'où il suit que pour avoir la projection horizontale du point D de l'une quelconque de ses positions de l'espace, par exemple lorsqu'il est projeté en d'' sur le plan vertical, il suffit d'abaisser de ce point une perpendiculaire à la ligne de terre jusqu'à ce qu'elle rencontre la droite D' D en d, ce dernier point sera la projection demandée.

73. Maintenant, pour projeter le triangle A B C dans l'une quelconque de ses positions de l'espace lorsqu'il aura tourné autour de son côté A C comme axe d'une charnière, on remarquera que le plan vertical Q étant perpendiculaire à A C, le triangle se projettera sur ce plan, dans toutes ses positions, suivant une droite qui sera le rayon du point B. De plus, les angles A et C du triangle, étant adjacents au côté A C qui reste fixe, ne feront que tourner autour de ces points. Or, pour construire la projection du triangle sur le plan horizontal, il suffira de déterminer celle de l'angle B.

On fixe d'abord la projection verticale de ce point en transportant le rayon aB dans la position de l'espace que l'on veut donner au triangle, par exemple en $a\,b'$. Ayant la projection verticale b' de l'angle B, la projection horizontale de ce point se trouve en b et sur une perpendiculaire abaissée du point b' à la ligne de terre, et sur bB, projection horizontale de l'arc de cercle décrit par le point B. Joignant ensuite par des droites, les points A, b et C, on aura les deux projections A b C et $a\,b'$ demandées.

Le rayon $a\,b'$, rapporté à un plan quelconque P, passant par l'axe a C, est l'hypoténuse d'un triangle rectangle qui a pour côtés de l'angle droit la projection $a\,b$ du rayon sur le plan P et la distance $b\,b'$ de l'autre extrémité à ce plan.

La figure 50 en perspective montre le triangle dans l'espace, et ses projections sur les plans P et Q avec tous les points marqués des mêmes lettres et dans une position analogue à celui que nous venons de considérer sur la figure 49.

Lorsque le rayon a B (*fig.* 49) est dans une position verticale $a\,b''$, le triangle est perpendiculaire au plan horizontal et se projette sur ce plan suivant une ligne droite a C.

74. Au lieu d'élever une surface dans l'espace pour en déterminer ensuite les projections, c'est au contraire l'opération inverse que l'on a le plus souvent à résoudre ; car, dans les constructions graphiques, lorsqu'une surface est tout entière dans l'un des deux plans de projection, elle se trouve dans la position la plus favorable qu'il soit possible pour résoudre toutes les opérations qu'elle comporte ; attendu que toutes ses lignes de construction s'y manifestent dans leur grandeur et leurs positions relatives (**art. 71**). Si nous avons commencé ici par considérer la surface sur l'un des deux plans de projection, c'était uniquement pour mieux faire comprendre l'opération inverse que nous allons exécuter.

Soient A b C et $a\,b'$ (*fig.* 51) les projections horizontales

(1) Nous rappelons ici au lecteur que pour lire toutes les opérations, il faut concevoir les deux plans P et Q dans leur position naturelle ; le premier horizontal et le second élevé verticalement sur l'intersection commune X Y, tels que les présente la figure 50 en perspective.

et verticales d'un triangle : on propose de rabattre ce triangle sur le plan horizontal en le faisant tourner autour de son côté A C considéré comme axe d'une charnière, dans le plan horizontal.

Le triangle (A *b* C, *a b'*) étant projeté suivant une droite *a b'* sur le plan vertical est perpendiculaire à ce plan ; il en est de même du côté A C donné sur le plan horizontal et venant se projeter sur l'autre en un point *a* de la ligne de terre. Or, dans son mouvement de rotation autour de l'axe A C qui reste fixe, chaque point du triangle décrit un arc de cercle qui se projette suivant une droite perpendiculaire à l'axe dans le plan horizontal P où l'axe est donné (**art. 72**) et dans toute sa grandeur sur le plan vertical Q perpendiculaire à l'axe A C. Les deux angles en A et C étant adjacents à l'axe ne feront que tourner autour de ces points; or pour rabattre le triangle sur le plan horizontal, il suffit de construire le point où l'angle (*b, b'*) viendra percer ce plan. Mais l'angle (*b, b'*) est sur le plan vertical ; l'arc de cercle qu'il décrira doit également se trouver sur ce plan, il a pour rayon la droite *a b'* qui joint le prolongement de l'axe A C et le point *b'*. Du point *a* comme centre avec *a b'* pour rayon on décrit l'arc de cercle *b'* B. Lorsque le triangle sera rabattu sur le plan horizontal, l'arc de cercle *b'* B viendra percer ce plan en un point B de la ligne de terre, lequel est le sommet de l'angle (*b, b'*). Joignant ensuite les points A, B et C par les droites A B et B C, le triangle A B C qu'elles forment est le triangle demandé.

75. Si l'on voulait rabattre le triangle sur le plan vertical, on pourrait prendre la droite *a b'* pour axe de rabattement. Or *a* C étant perpendiculaire à *a b'*, les points A et C viendraient tomber sur une droite *a* C' menée par le point *a* perpendiculairement à *a b'*, et de telle façon que l'on eût *a* A' égal *a* A et *a* C' égal *a* C. Joignant ensuite les points A', *b'* et C' par les droites A' *b'* et *b'* C', le triangle A' *b'* C' serait le triangle demandé.

76. Dans les rabattements que nous venons d'opérer, le triangle avait un de ses côtés sur le plan horizontal. Considérons maintenant le cas où le triangle est dans l'espace en dehors des plans de projection, et suivant une position perpendiculaire à l'un de ces plans ; au plan horizontal par exemple. Alors la projection du triangle sur ce plan sera une droite.

Soient *c a b*, *c' a' b'* (*fig.* 52) les projections horizontales et verticales du triangle que l'on propose de rabattre d'abord sur le plan horizontal. On conçoit le plan du triangle prolongé suivant ses projetantes jusqu'à la rencontre du plan horizontal. La figure de ce plan aura pour projection sur le plan vertical le trapèze rectangle $c' c_0 b_0 b'$, et pour trace, sur le plan horizontal, la droite *c b* qui n'est autre que la projection horizontale du triangle. Prenant la droite *c b* pour axe de rabattement, chaque point du triangle, dans son mouvement autour de *c b* qui reste fixe, décrit un arc de cercle dont le plan est perpendiculaire à cette droite (**art. 72**). Il s'agit donc de savoir maintenant où chaque point considéré viendra percer le plan horizontal.

Les points à considérer sont les angles (*c, c'*), (*a, a'*), (*b, b'*) du triangle. Les arcs de cercle que décriront ces points ont pour rayon des droites verticales perpendiculaires à l'axe. Ces droites se projettent sur le plan horizontal chacune en un point unique *c*, *a* et *b* et dans toute leur longueur sur le plan vertical, suivant les droites $c' c_0$, $a' a_0$, $b' b_0$ menées des projections *c'*, *a'* et *b'*, perpendiculairement à X Y. Or, dans le mouvement de rotation du triangle, ces rayons ne cesseront pas d'être perpendiculaires à l'axe *c b*, donc ils le seront encore lorsque le triangle sera rabattu sur le plan horizontal. Pour les construire dans cette nouvelle position, on mènera par leur projection horizontale *c*, *a* et *b* des perpendiculaires *c* C, *a* A, *b* B à l'axe *c b* ; on portera ensuite sur ces droites la longueur de chaque rayon, soit $c' c_0$ de *c* en C ; $a' a_0$ de *a* en A ; $b' b_0$ de *b* en B. Les points C, A et B, ainsi obtenus, sont les points où les arcs de cercle décrits par les angles (*c, c'*), (*a, a'*), (*b, b'*) percent le plan horizontal lorsque le triangle est rabattu sur ce plan. Joignant ensuite les points C, A et B par les droites C A, C B et B A, le triangle A B C qu'elles forment est le triangle demandé.

77. Au lieu de rabattre le triangle (*c a b*, *c' a' b'*) sur le plan horizontal on peut l'amener, par un mouvement de rotation, dans une position parallèle au plan vertical, et construire ensuite sur ce plan la nouvelle projection qui en résulte.

Le triangle (*c a b*, *c' a' b'*) étant vertical, on prend pour axe de rotation, dans le plan de ce triangle, une verticale que l'on fait passer par l'une des extrémités du triangle, par l'angle (*c, c'*). par exemple. L'axe de rotation se projettera ainsi en un point unique *c* sur le plan horizontal, et suivant $h' c_0$ sur le plan vertical. Les points du triangle à considérer, dans son mouvement de rotation, sont les deux autres angles (*a, a'*), (*b, b'*) qui décriront chacun un arc de cercle dont le plan sera perpendiculaire à l'axe (**art. 72**). Or l'axe de rotation étant vertical, les arcs de cercle ($a a_1$, $a' a''$), ($b b_1$, $b' b''$) décrits par chaque angle seront horizontaux. Ils se projetteront donc dans leur grandeur $a a_1$, $b b_1$ sur le plan horizontal, et suivant des droites horizontales $a' a''$, $b' b''$ dans le plan vertical. Ainsi les arcs de cercle décrits par les points (*a, a'*), (*b, b'*) auront respectivement pour rayons les horizontales (*c a*, *g' a'*), (*c b*, *h' b'*), et parce que ces rayons sont horizontaux, ils sont représentés dans toute leur longueur par leur projection horizontale *c a* et *c b*.

Maintenant, pour ramener le triangle (*a b c*, *a' b' c'*) dans une position parallèle au plan vertical Q, on mène par le point *c* une parallèle $c b_1$ à la ligne de terre X Y et du point *c* comme centre, avec *c a* et *c b* pour rayons, on décrit les arcs de cercle $a a_1$, $b b_1$. Les points a_1 et b_1, où ces arcs rencontrent la droite $c b_1$, sont les nouvelles projections horizontales des points (a, a'), (b, b'). On obtiendra les projections verticales correspondantes aux mêmes points, en menant par a_1 et b_1 des perpendiculaires à X Y jusqu'à ce qu'elles rencontrent les horizontales $g' a''$ et $h' b''$ en a'' et en b''; ces deux derniers points sont les nouvelles projections verticales demandées. Joignant ensuite les points c', a'', b'' par les droites $c' a''$, $c' b''$, $a'' b''$, le triangle $c' a'' b''$ qu'elles forment est le triangle demandé.

78. Nous allons considérer maintenant le cas le plus général où le triangle se trouve placé d'une manière quelconque dans l'espace, et dans une position inclinée par rapport aux plans de projection.

Soient $a b c$ et $a' b' c'$ (*fig.* 53) les projections horizontales et verticales du triangle. Ici le triangle se trouvant disposé de telle façon que tous ses côtés sont inclinés par rapport aux plans de projection, il faut, pour qu'il soit possible de l'amener dans une position horizontale ou verticale, prolonger un ou deux de ses côtés jusqu'à ce qu'ils rencontrent une droite horizontale ou l'un des plans de projection. Ces deux conditions se réduisent d'ailleurs en une seule, car après avoir prolongé les côtés du triangle jusqu'à la rencontre d'une droite horizontale. On conçoit ensuite par cette droite un plan horizontal. Or, comme il est toujours possible de transporter le plan horizontal de projection de façon qu'il passe par la droite proposée, toute la question se réduit donc à prolonger les côtés du triangle jusqu'à la rencontre de l'un des plans de projection. Les points où ces côtés percent le plan appartiennent à l'axe autour duquel on opère le rabattement du triangle. Dans la question proposée, nous prolongeons les côtés $(a b, a' b')$, $(a c, a' c')$ du triangle jusqu'à la rencontre du plan horizontal, et nous rabattons ensuite le triangle sur ce plan.

Le côté $(a b, a' b')$ prolongé perce le plan horizontal en un point qui a pour projection verticale le point d', lequel se trouve dans le plan vertical sur la droite X Y et sur le prolongement de $a' b'$. De même, le côté $(a c, a' c')$ prolongé perce le plan horizontal en un point qui a pour projection verticale le point e', lequel se trouve dans le plan vertical sur la droite XY et sur le prolongement de $a' c'$. Il reste donc à construire les deux projections horizontales des deux points dont nous avons les projections verticales d' et e'. Mais les deux projections d'un point de l'espace sont (**art. 59**) sur une même droite perpendiculaire à la commune intersection X Y des deux plans de projection. Menant par les projections connues d' et e', des perpendiculaires $d' d$, $e' e$ à X Y, ces droites passeront par les projections demandées. Chacune de ces deux projections doit se trouver en outre sur le prolongement de chacune des projections horizontales $a b$ et $a c$, donc elles se trouvent en d et en e : la première d à l'intersection de $a b$ prolongé et de la perpendiculaire $d' d$ à X Y ; la seconde e à l'intersection de $a c$ prolongé et de la perpendiculaire $e' e$ à X Y. Connaissant les points d et e où les côtés $(a b, a' b')$, $(a c, a' c')$ du triangle, percent le plan horizontal, on prendra la droite $d e$ qui joint ces points pour axe de rabattement.

Maintenant que l'axe de rabattement est déterminé sur le plan horizontal, nous pouvons ramener la question à celle qui a été résolue (**art. 74**) ; il suffit pour cela de projeter le triangle sur un nouveau plan vertical perpendiculaire à l'axe de rabattement.

Menons donc à volonté une droite M N perpendiculaire à l'axe $d e$, et considérons M N comme la trace d'un plan vertical rabattu en S sur le plan P. Il s'agit maintenant de projeter le triangle sur le plan S.

En conservant le plan horizontal à la même place ainsi que le triangle dans l'espace, il est bien évident : 1° que les divers points du triangle conserveront leur même projection sur ce plan ; 2° que l'élévation de chaque point considéré sera toujours la même par rapport au plan horizontal. Mais les deux projections d'un point sur deux plans de projection quelconque P et S se trouvent (**art. 59**) sur une même droite perpendiculaire à l'intersection commune de ces deux plans. Or pour projeter un point quelconque (b, b') du triangle $(a b c, a' b' c')$ sur le plan S, on mène, par la projection horizontale b, une perpendiculaire $b b_1$ à M N ; on porte ensuite sur cette droite la distance $b_0 b'$, du premier plan vertical Q, de b_{11} en b_1. Le point b_1 est la nouvelle projection verticale, sur le plan S, de l'angle (b, b') projeté sur les deux autres plans. On obtiendrait de la même manière les projections des deux autres angles (a, a') et (c, c') du triangle, en a_1 et en c_1, sur le plan S, en portant respectivement les distances $a' a_0$, $c' c_0$ du plan Q, de a_{11} en a_1 et de c_{11} en c_1. Mais le plan du triangle prolongé a pour trace, sur le plan horizontal P, la droite $d e$ perpendiculaire à l'intersection commune M N des plans P et S ; donc le plan du triangle est perpendiculaire au plan S (**art. 57**), et se projette sur ce dernier suivant une droite (**art. 55**). Ayant déterminé la projection b_1 de l'angle le plus élevé du triangle, on joint ce point et la projection e_1 de l'axe $d e$ par une droite $b_1 e_1$; cette droite est la projection verticale du triangle sur le plan S. Les angles qui ont pour projection sur le plan horizontal les points a et c auront leur projection verticale, sur le plan S, en a_1 et en c_1, intersections de la droite $b_1 e_1$ et des perpendiculaires menées des projections a et c à M N.

Lorsque le triangle est abattu sur le plan horizontal, les arcs de cercle décrits par chacun de ses angles (a, a_1), (c, c_1), (b, b_1) percent ce plan en des points qui ont pour projection verticale sur le plan S, a_{111}, c_{111} et b_{111}, où les arcs de cercle décrits du point e_1 comme centre avec $e_1 a_1$, $e_1 c_1$ et $e_1 b_1$ pour rayons, rencontrent M N. Les projections horizontales des mêmes points sont, pour l'angle (a, a_1), le point A, intersection des droites aA et a_{111}A, menées par a et a_{111} la première perpendiculaire à l'axe de, la seconde à l'intersection MN. Il en est de même pour les autres angles, dont les arcs de cercle percent le plan horizontal en B et C. Joignant les points A, B et C par les droites AB, AC et BC, le triangle ABC qu'elles forment est le triangle demandé.

79. Au lieu de rabattre le triangle (abc, $a' b' c'$) sur le plan horizontal on peut l'amener, par deux mouvements de rotation, dans une position parallèle au premier plan vertical Q, et construire ensuite sur ce plan les nouvelles projections qui en résultent. On exécuterait le premier mouvement de rotation, par exemple, autour d'un axe vertical du point d, jusqu'à ce que la droite de fût parallèle à XY. Dans ce mouvement, toutes les projections horizontales conserveraient leurs positions relatives. Le deuxième mouvement aurait lieu autour de de, jusqu'à ce que le triangle fût amené dans une position verticale. Alors, pour construire la longueur des rayons des arcs de cercle de chaque point considéré, il faudrait également mener un plan perpendiculaire à l'axe ou déduire ces longueurs des deux projections de chaque rayon, d'après la méthode exposée plus loin pour une droite. Ce deuxième moyen, pour construire le triangle dans sa grandeur, serait plus long que le premier, puisqu'il y aurait un mouvement de rotation de plus. Il y aurait ainsi deux projections sur le plan horizontal, la projection abc et une autre après avoir ramené la droite de parallèlement à XY; il y aurait également la projection d'un plan auxiliaire S et deux projections sur le plan vertical Q, d'abord celle $a' b' c'$ qui existe, et celle qu'il faudrait construire lorsque le triangle serait amené parallèlement à ce plan. En tout cinq projections, tandis que dans le rabattement sur le plan horizontal il n'y en a que quatre.

Les constructions qui exigent le moins de projections doivent, dans tous les cas, être préférées aux autres, car, quelles que soient l'attention et la précision que l'on apporte dans la pratique, il y a toujours des causes d'erreur provenant ou de l'imperfection des instruments dont on se sert, ou des moyens physiques que l'on emploie. Or plus on multiplie les projections, plus les causes d'erreur sont répétées.

80. Remarques. Le tableau de toutes les constructions graphiques que présenteront les opérations ayant pour objet la détermination dans leur grandeur, des lignes, des surfaces et des angles dièdres, n'offriront que la répétition des constructions que nous venons d'opérer sur un triangle (**art. 72** à **79**).

Suivant la position du triangle ou de toute autre surface plane considérée par rapport aux plans de projection, l'opération ayant pour objet d'amener cette surface soit parallèlement à l'un des deux plans de projection, soit sur l'un de ces plans, peut s'opérer : 1° par un rabattement (**art. 74**, **75** et **76**); 2° par un mouvement de rotation (**art. 77**); 3° par un changement de plan de projection et un rabattement (**art. 78**); 4° enfin par deux mouvements de rotation et un changement de plan de projection (**art. 79**).

81. On nomme rabattement l'opération qui consiste à faire mouvoir la surface, considérée dans l'espace, pour l'amener sur l'un des deux plans de projection. Alors l'axe de rabattement est la commune intersection du plan de projection et de la surface de l'espace prolongée s'il est nécessaire.

Suivant la position de la surface de l'espace, l'axe de rabattement peut occuper quatre positions différentes, sur l'un des deux plans de projection, par rapport à leur intersection commune : il peut se confondre avec cette ligne, lui être parallèle, perpendiculaire ou oblique.

82. On désigne plus particulièrement sous le nom d'axe de rotation une droite perpendiculaire à l'un des deux plans de projection et passant par l'un des points extrêmes de la surface considérée ou pris sur cette surface. D'où il suit que si l'axe est perpendiculaire au plan horizontal, par exemple, chaque point de la surface, en tournant autour de cet axe, décrit un arc de cercle horizontal qui se projette, ainsi que son rayon, dans toute leur grandeur sur le plan horizontal et suivant une droite parallèle à la ligne de terre sur le plan vertical et réciproquement. Alors il n'est point nécessaire de construire les deux projections de l'axe de rotation; il suffit d'indiquer, sur le plan de projection perpendiculaire à l'axe, la projection du point par lequel il passe. Ainsi il aurait suffi, à l'article 77, d'énoncer que l'on fait tourner le triangle autour d'un axe vertical du point c.

On désigne encore sous le nom d'axe de rotation une droite parallèle à l'intersection des deux plans de projection, prise sur l'un de ces plans, et autour de laquelle on fait mouvoir une surface de l'espace pour l'amener dans une position parallèle à l'autre plan de projection.

83. Que l'opération ayant pour objet d'amener une surface sur un plan de projection ou parallèlement à l'un de ces plans, ait lieu par un rabattement, un mouvement de rotation ou l'un et l'autre, il importe de remarquer :

1° *Que chaque point de la surface considérée en tournant autour d'un axe fixe, décrit une circonférence ou un arc de cercle dont le plan est perpendiculaire à la droite prise pour axe de rabattement ou de rotation.*

2° *Que la circonférence ou l'arc de cercle décrit par chaque point se projette, ainsi que son rayon, dans toute leur grandeur sur un plan perpendiculaire à l'axe, et suivant une droite perpendiculaire à l'axe dans un plan quelconque passant par cet axe.*

3° *Que le centre de la circonférence ou de l'arc de cercle décrit par chaque point se trouve sur l'axe ou sur son prolongement, à l'intersection de cet axe et du plan de la circonférence ou de l'arc de cercle.*

OPÉRATIONS SUR LES LIGNES DROITES.

84. Les opérations sur les lignes droites de l'espace ont pour objet d'en déterminer la longueur. Souvent la détermination de la longueur d'une droite suffit pour déduire la grandeur de la surface plane à laquelle cette droite appartient.

Trouver la longueur d'une droite dont on a les deux projections. — Si la droite proposée est parallèle à l'un des deux plans de projection, sa longueur est déterminée par sa projection sur ce plan (**art. 52**). Soit A B (*fig.* 54) la droite proposée parallèle au plan vertical Q ; sa projection *a' b'* sur ce plan lui est égale et parallèle. On reconnaît qu'une droite A B est parallèle à l'un des deux plans de projection Q lorsque sa projection *a b*, dans l'autre plan P, est parallèle à la ligne de terre X Y, de façon que l'on ait aa_0 égal bb_0. La figure 54 est en perspective, mais en regard nous donnons la figure 55 qui présente les mêmes données avec les points marqués des mêmes lettres sur des plans géométraux. La droite A B est représentée sur ces plans par ses deux projections (*a b*, *a' b'*).

Si la droite est inclinée d'une manière quelconque par rapport aux plans de projection, sa longueur est plus grande que celle de chacune de ses projections, lesquelles, dans ce cas, sont obliques à la ligne de terre. On déduit la longueur de la droite, à l'aide de ses projections, par l'une des constructions effectuées plus loin et dont nous donnons ci-dessous la solution.

Solution. — La droite proposée, ses deux projetantes sur l'un quelconque des deux plans de projection et sa projection sur ce plan forment un trapèze rectangle déterminé par les deux plans de projection. L'un de ces plans contient la projection qui forme la base du trapèze, et l'autre la longueur des deux côtés adjacents qui forment, avec cette base, les deux angles droits du trapèze, le quatrième côté exprime la longueur de la droite proposée. Il ne reste donc plus qu'à construire ce trapèze sur l'un quelconque des deux plans de projection.

Soit A B (*fig.* 56) la droite proposée projetée sur deux plans en perspective, dont l'un P est supposé horizontal et l'autre Q vertical. Considérons d'abord le trapèze vertical formé par la droite A B, par ses deux projetantes A *a*, B *b* et par sa projection *a b* sur le plan horizontal. Ici le trapèze est figuré dans l'espace, tandis que sur les plans de projection il est seulement déterminé par trois de ses côtés : la projection horizontale *a b* qui forme sa base et les deux côtés adjacents à cette base, dont les longueurs sont exprimées par les droites $a' a_0$ et $b' b_0$ abaissées des extrémités *a'* et *b'* de l'autre projection, perpendiculairement à X Y, lesquelles (**art. 46**) sont respectivement égales aux projetantes A *a* et B *b* comme mesurant chacune la distance des extrémités de la droite A B au plan horizontal.

Pour construire le trapèze sur ce plan on mène à la projection *a b*, par ses extrémités *a* et *b*, des perpendiculaires indéfinies *a* A' et *b* B' sur lesquelles on porte les distances $a' a_0$ et $b' b_0$, du plan Q, de *a* en A' et de *b* en B'. La droite A' B' menée par les points A' et B' exprime la longueur demandée. En effet le trapèze A' *a b* B' construit sur le plan horizontal est égal au trapèze A *a b* B de l'espace comme ayant une base commune *a b*, les deux côtés A' *a*, B' *b* respectivement égaux aux deux côtés A *a*, B *b* et perpendiculaire à la base; donc le quatrième côté A' B' est égal à A B.

La figure 57 exprime, sur des plans de projection géométraux, les constructions indiquées sur la figure 56 en perspective, avec les mêmes points marqués des mêmes lettres. Ici la droite de l'espace est représentée par ses deux projections (*a b*, *a' b'*) et les côtés des angles droits du trapèze vertical, qui passe par cette droite et par sa projection horizontale *a b*, sont représentés par les verticales $a' a_0$, $b' b_0$ que l'on porte respectivement de *a* en A' et de *b* en B' sur les droites *a* A' et *b* B', menées des projections *a* et *b*, perpendiculairement à *a b*.

85. Si l'on élève le plan horizontal P (*fig.* 56) jusqu'à ce qu'il touche la droite A B à son extrémité inférieure A, la nouvelle projection horizontale de la droite se trouve transportée en A *c* parallèle à *a b* et la ligne de terre en *a' c'* parallèle à X Y. *Alors la droite* A B *est égale à l'hypoténuse d'un triangle rectangle* A *c* B, *ayant pour côtés de l'angle droit la projection horizontale* A *c et l'élévation* B *c ou b' c' de l'autre extrémité de la droite au-dessus du plan horizontal.*

Pour construire ce triangle sur le plan horizontal on observera que la projection *a b* étant égale à A *c*, l'un des côtés de l'angle droit, il suffit de mener à cette droite une perpendiculaire *b* D' par l'une de ces extrémités *b*, et de porter sur cette perpendiculaire l'autre côté de l'angle droit B *c* ou *b' c'* de *b* en D'. La droite *a* D' qui joint les points *a* et D' est l'hypoténuse du triangle *a b* D' égal au triangle A *c* B. La même construction est faite sur les plans géométraux de la figure 57.

Les deux plans de projection étant rectangulaires les opérations que l'on vient de faire sur l'un (*fig.* 56 et 57) pouvaient être faites sur l'autre, elles auraient donné le même résultat. *En général, quel que soit le plan de projection que l'on considère, la longueur d'une droite, de l'espace* (a b, a' b') (fig. 58) *oblique à deux plans de projection, est égale à l'hypoténuse* A' b *d'un triangle rectangle* A' a b *dont les côtés de l'angle droit sont : 1° la projection* a b *de la droite sur l'un des deux plans de projection, 2° la différence* a' c' *des distances de ses extrémités* $a' a_0$, $b' b_0$ *à ce plan.*

Si l'on prend la projection verticale a' b' *de la droite, pour l'un des côtés de l'angle droit, l'autre côté sera la dif-*

férence db *des distances de ses extrémités* bb_0, aa_0 *à ce plan.*

Ou, si l'une des extrémités de la droite touche un plan de projection, sa longueur est égale à l'hypoténuse d'un triangle rectangle ayant pour côtés de l'angle droit : 1° la projection de la droite sur le plan qu'elle touche ; 2° la distance de l'autre extrémité de la droite à ce plan.

56. On peut encore déterminer la longueur d'une droite par une construction très-simple, en la ramenant dans une position parallèle à un plan de projection, au plan vertical par exemple, et en construisant sa nouvelle projection sur ce plan.

Soient ($a\,b$, $a'\,b'$) (*fig.* 59) les projections de la droite; on suppose que cette droite, faisant toujours le même angle avec le plan horizontal, tourne autour d'un axe vertical du point b jusqu'à ce que sa projection horizontale $a\,b$ soit amenée en $a_1\,b$, parallèlement à XY. Dans ce mouvement le point (a, a') décrira un arc de cercle horizontal qui se projettera dans toute sa grandeur sur le plan horizontal suivant l'arc de cercle $a\,a_1$ décrit du point b comme centre, et suivant une droite horizontale $a''\,a'$ sur le plan vertical. Or, lorsque la droite est parallèle au plan vertical, le point (a, a') vient en (a_1 a''); alors la droite $a''\,b'$ qui joint les deux points a'' et b' est la longueur demandée.

OPÉRATIONS SUR LES FACES PLANES DES BATIS.

57. Les opérations sur les faces planes des bâtis ont pour objet de déduire la grandeur de ces faces à l'aide des projections qui en sont données.

Lorsque la grandeur d'une face est déterminée sur un plan, ainsi que toutes les lignes de construction qu'elle comporte, il ne reste plus qu'à transporter ces résultats sur la face de la pièce de bois à laquelle ils sont destinés. Mais la manière de procéder pour transporter sur les faces des pièces de bois les opérations faites sur les plans exige un article spécial qui sera traité dans la seconde partie. Dans ce chapitre nous exposons seulement les méthodes que l'on emploie pour construire, sur les plans de projection, les faces planes et les angles dièdres dans leur grandeur tels qu'ils doivent être rapportés sur les pièces de bois.

Lorsqu'une face plane d'un bâti est parallèle à l'un des plans de projection, sa projection sur ce plan lui étant égale et parallèle (**art. 55**) représente *toutes les lignes de construction dans leur grandeur et leurs positions respectives, telles qu'elles doivent être rapportées sur la face de la pièce de bois à laquelle elles appartiennent.*

Lorsqu'une face plane d'un bâti rencontre un plan de projection, l'intersection de cette face et du plan est une droite à laquelle on donne le nom de *trace* de la face sur le plan et réciproquement. La trace d'une face d'un bâti sur un plan de projection ou du plan sur la face du bâti, est l'intersection commune de la face du bâti et du plan.

On reconnaît que la face plane d'un bâti est perpendiculaire à un plan de projection, lorsque sa projection sur ce plan est une droite. Dans ce cas, si la face plane du bâti rencontre l'autre plan de projection, sa trace sur ce plan est perpendiculaire à l'intersection commune des deux plans de projection.

On reconnaît que la face plane d'un bâti est parallèle à l'un des plans de projection, lorsque sa projection dans l'autre plan est une droite parallèle à l'intersection commune des deux plans de projection. Il suit de là que toute face plane parallèle à un plan de projection est perpendiculaire à l'autre puisque sa projection sur ce dernier est une droite.

Les opérations que nous allons résoudre sur différentes faces feront mieux comprendre toutes ces généralités.

Nous choisissons d'abord, pour donner un premier exemple de construction de faces planes dans leur grandeur, un objet bien connu en carrosserie, un tréteau : projeté sur trois plans de projection P, Q et R (*fig.* 60). Cet objet n'a aucun rapport avec la menuiserie en voitures, mais sa forme est parfaitement disposée pour faire comprendre les opérations sur les faces planes et les angles dièdres; c'est pourquoi nous l'avons choisi.

Pour construire un tréteau, il n'est pas nécessaire de le projeter sur trois plans de projection, par la raison que toutes les faces des bâtis étant planes et toutes les lignes de construction, droites, toutes les dimensions longueur, largeur et hauteur sont données sur deux plans de projection.

Les deux plans qu'il importe de choisir dans des cas semblables sont ceux dont les projections ont le plus d'étendue, par la raison qu'elles donnent une idée plus approchée de la forme de l'objet représenté. Ainsi, dans l'exemple proposé, on choisirait les deux plans d'élévation Q et R où les projections des pieds du tréteau ayant le plus d'étendue donnent une idée plus exacte de la forme que la projection horizontale. Si nous avons projeté ici le tréteau sur trois plans, c'est uniquement pour aider à la démonstration.

58. Le tréteau est composé : 1° d'un dessus ayant la forme d'un parallélipipède rectangulaire; 2° de quatre pieds assemblés à tenon et à mortaises avec le dessus; 3° de traverses qui relient les pieds dans le bas. Nous ne représentons pas ces traverses afin d'éviter la confusion des lignes.

Pour lire les opérations qui vont suivre, il faut concevoir les plans Q et R élevés verticalement sur le plan horizontal, le premier suivant XY, le second suivant YY_1, et de façon que les droites $X'Y'$, Y_0Y_{11} coïncident avec XY et YY_1.

La pièce de bois qui forme le dessus du tréteau est composée de deux faces horizontales, la face supérieure et la face inférieure, qui sont projetées conséquemment dans toute leur grandeur sur le plan horizontal en $a\,b\,d\,c$ et suivant les droites $a'\,b'$ et $e'\,f'$, sur le plan vertical Q. Les faces des côtés étant verticales et parallèles au plan Q sont projetées dans toute leur grandeur sur ce plan en $a'\,b'\,f'\,e'$ et suivant les droites $a\,b$ et $c\,d$ parallèles à XY sur le plan horizontal. Enfin toutes les faces du dessus du tréteau étant perpendiculaires au plan latéral R sont projetées sur ce plan suivant les droites $b_1\,d_1$, $d_1\,s_1$, $s_1\,f_1$, $b_1\,f_1$, et de ce que toutes ces faces se rencontrent à angle droit la figure $b_1\,d_1\,s_1\,f_1$ est un rectangle.

Toutes les faces du dessus du tréteau étant représentées dans leur grandeur sur les trois plans P, Q et R toutes les lignes de construction projetées sur ces faces y sont aussi exprimées dans leur grandeur. Ainsi les projections $h\,h_0$, $g\,g_0$, $j\,j_0$.... sur le plan P ; $g'\,h'$, $i'\,j'$, $k'\,l'$.... sur le plan Q, $m_1\,f_1$, $g_1\,s_1$... sur le plan R, qui donnent les directions des assemblages des pieds avec le dessus du tréteau sont représentées, telles qu'elles doivent être rapportées sur les faces de la pièce de bois.

D'après ce qui précède on voit que quand la face d'un bâti est parallèle à un plan de projection *toutes les projections des lignes de construction des autres bâtis sont exprimées dans leur grandeur et leurs positions respectives sur la projection de cette face.*

89. Construction dans leur grandeur des faces des pieds du tréteau. — Chaque pied du tréteau a la forme d'un tronc de pyramide et toutes ses faces inclinées par rapport aux plans de projection. Chacune des faces d'un pied a ainsi une inclinaison différente qui demande une opération particulière. Cependant lorsqu'on a déterminé la grandeur de deux faces adjacentes d'un pied et toutes les lignes de construction qu'elles comportent, on peut facilement tracer sur les deux autres faces les lignes de construction qui leur sont particulières, sans qu'il soit nécessaire d'en opérer le rabattement, ainsi qu'il le sera démontré plus loin (**art. 151**).

Les quatre pieds du tréteau étant disposés symétriquement ont leurs faces symétriques deux à deux. De plus les deux faces symétriques de deux pieds placés d'un même côté, se trouvant dans une même surface plane, la construction de cette surface dans sa grandeur déterminera la grandeur de chaque face des pieds.

Soit proposé maintenant de rabattre sur le plan horizontal, la surface (X $g\,m$ Y, X' $g'\,m'$ Y'), contenant les faces (O, O'), (T, T') des pieds, en la faisant tourner autour de sa trace XY, prise pour axe de rabattement sur le plan horizontal. Les pieds X, 1, 2, Y des arêtes étant sur l'axe, ne feront que tourner autour de ces points; or, dans le rabattement, il suffit de considérer les deux droites menées par les autres extrémités des arêtes et les arasements des assemblages. Nous considérons d'abord la première, et nous verrons ensuite où la seconde vient se placer sur la surface rabattue. La droite ($g\,m$, $g'\,m'$) est une horizontale parallèle aux deux plans de projection P et Q, et par suite à l'axe XY; elle est par conséquent représentée dans toute sa longueur par chacune de ses projections $g\,m$ et $g'\,m'$ sur ces deux plans. En tournant autour de XY, les extrémités (g, g') et (m, m') de cette droite décriront des arcs de cercle égaux qui se projetteront sur le plan horizontal suivant les droites $g\,g'$ et $m\,m'$ perpendiculaires à l'axe. Il s'agit donc de déterminer les points où ces arcs de cercle viendront percer le plan horizontal sur ces droites.

L'arc de cercle décrit par l'un de ces points (g, g') a pour rayon la perpendiculaire (g Z, g' Z') abaissée de (g, g') sur l'axe. Cette droite est l'hypoténuse d'un triangle rectangle qui a pour côtés de l'angle droit g Z et g' Z' ; sa longueur est $g'\,t'$. Portant cette longueur sur Z g' de Z en G', ce dernier point est celui où l'arc de cercle décrit par (g, g') vient percer le plan horizontal, prolongé au-delà de la ligne de terre X' Y' du plan vertical. Menant par ce point, parallèlement à X Y, la droite G' M' jusqu'à sa rencontre avec $m\,m'$ en M', et joignant X, G', Y, M' par les droites X G' et Y M', la surface X G' M' Y est la surface demandée.

Tous les points de la surface dans son mouvement autour de XY, ayant décrit des arcs de cercle qui se projettent sur le plan horizontal suivant des droites perpendiculaires à l'axe, pour construire les points H', N', I', K' qui déterminent les arasements des tenons et les extrémités des arêtes intérieures, il suffit d'abaisser soit des projections verticales ou horizontales des mêmes points, des perpendiculaires h' H', n' N', i' I', k' K' sur l'axe, jusqu'à leur rencontre avec les arêtes X G', Y M' et la droite G' M'. Il ne reste plus ensuite qu'à joindre ces points par des droites comme les montre la surface rabattue, et l'on aura les faces (O, O') et (T, T') construites dans toute leur grandeur sur le plan horizontal.

Au lieu d'opérer le rabattement au-dessus de XY, on pouvait l'opérer au-dessous, le résultat eût été le même ; mais on cherche toujours le sens le plus favorable pour éviter la confusion des lignes.

Les faces (O, O') et (T, T') étant symétriques, il suffisait d'en construire une dans sa grandeur, car après avoir rapporté toutes les opérations sur la face de la pièce de bois à laquelle elle appartient, on présente la face symétrique de l'autre pièce de bois sur la première, et, dans cet état, l'on y relève les directions de toutes les lignes de construction.

Le rabattement sur le plan horizontal, des faces projetées en U et V sur le plan P et suivant Y' m' sur le plan Q, s'opère de la même manière que le précédent. On prend pour axe de rotation la trace Y Y_1 de ces faces sur le plan horizontal. Un point quelconque (m, m') viendra se placer en M_1 sur une perpendiculaire $m\,M_1$ abaissée de m sur Y Y_1, et à une distance de Y égale à Y M' du premier rabattement. Les autres points sont déterminés comme dans l'exemple précédent.

90. Nous allons maintenant opérer le rabattement des mêmes faces sur les plans Q et R sans le secours du plan horizontal. Cette construction est d'ailleurs préférable, dans la pratique, à celle qui vient d'être exposée, par la raison que les lignes occupent un plus petit emplacement et sont ainsi plus faciles à construire. Pour lire les opérations qui vont suivre, il faut concevoir les deux plans Q et R, élevés verticalement sur le plan horizontal; le premier suivant X Y, le second suivant Y Y_1. Dans cet état, les deux plans Q et R se coupent suivant une verticale qui se projette en un point unique Y sur le plan horizontal. Cette verticale, qui est l'intersection commune des deux plans Q et R, est représentée sur le premier suivant Y'' Y' et sur le second suivant Y_{11} Y_0. Il résulte de ces positions respectives des deux plans, que tout point pris sur le plan Q vient se projeter dans le plan R sur la verticale Y_{11} Y_0; de même, tout point pris sur le plan R vient se projeter dans le plan Q sur la verticale Y'' Y'.

Nous allons d'abord opérer le rabattement des faces projetées sur le plan Q en O' et T', et sur le plan R suivant la droite $Y_0 m_1$, en les faisant tourner autour de leur base X' Y' prise pour axe de rotation sur le plan Q. Les pieds X', 5, 6, Y' des arêtes des faces, se trouvant sur l'axe, ne feront que tourner autour de ces points. Or, dans le rabattement de la surface contenant les faces proposées, il suffit de considérer la droite (g' m', m_1) qui joint les autres extrémités des arêtes. Nous verrons ensuite où la droite qui joint les arasements des assemblages vient se placer sur la surface rabattue. La droite (g' m', m_1) étant parallèle à l'axe X' Y', et par suite au plan Q, est projetée dans toute sa longueur sur ce plan en g' m', et en un point unique m_1 sur le plan R. Dans son mouvement autour de X' Y' elle ne cessera pas d'être parallèle à l'axe, et elle le sera encore après son rabattement sur le plan Q. Pour la construire dans cette nouvelle position, il suffit donc de connaître sa distance à l'axe et les deux points de ses extrémités.

Cette distance est la perpendiculaire (m' 7, m_1 Y_0) abaissée du point (m', m_1) sur l'axe X' Y'. Mais la projection de cette droite dans le plan Q est une verticale parallèle au plan R, donc la projection m_1 Y_0 exprime sur ce dernier plan la longueur de la droite. Portant cette longueur de 7 en M''; ce dernier point appartient à la droite (g' m', m_1) lorsque les faces (O', T', m_1 Y_0) sont rabattues sur le plan vertical. Pour construire cette droite, on observera que, indépendamment du point M'' de l'une de ses extrémités, elle est en outre parallèle à X' Y', et limitée, à son autre extrémité, par la droite G'' Z'; or la droite M'' G'', qui satisfait à ces conditions, est la droite demandée. Joignant X', G'', M'' et Y' par les droites X' G'', G'' M'' et M'' Y', la surface qu'elles déterminent avec X' Y' est la surface demandée. On mène ensuite par i', k', h' et n', perpendiculairement à X' Y', des droites i' I'', k' K'', h' H'' et n' N''. Leurs intersections I'', K'', H'' et N'' avec G'' M'', G'' X' et M'' Y' déterminent les autres lignes.

Le rabattement des faces projetées en U_1 et V_1 sur le plan R et suivant la droite Y' m' sur le plan Q s'opère exactement comme le précédent. Nous laissons au lecteur la recherche de cette construction en observant seulement que la longueur de l'arête commune aux deux faces, dont l'une est projetée en T' sur le plan Q, et l'autre en U_1 sur le plan R, est déjà déterminée en M'' Y' sur le premier rabattement.

Les deux rabattements que nous venons d'opérer, l'un sur le plan horizontal et l'autre sur les deux plans d'élévation, donnent évidemment les mêmes résultats. En effet, la longueur G' Z est égale à l'hypoténuse g' t' d'un triangle rectangle g' Z' t'. La longueur M'' 7 est égale à l'hypoténuse m_1 Y_0 d'un triangle rectangle m_1 o_1 Y_0. Or ces deux triangles sont égaux comme ayant les deux côtés de l'angle droit égaux chacun à chacun : g' Z' égal à m_1 o_1 et Z g, ou Z' t' égal à Y_0 o_1.

91. Au lieu de concevoir le plan Q élevé sur X Y, on peut admettre que son intersection avec le plan horizontal a lieu suivant X' Y'. Alors pour construire sur ce plan les faces (O, O') et (T, T') dans leur grandeur, on suppose qu'elles ont été amenées verticalement par un mouvement de rotation autour de X Y. Dans cette nouvelle position les faces, se trouvant parallèles au plan Q, s'y projetteraient dans leur grandeur, et pour construire ces projections on procéderait absolument comme nous avons fait pour le rabattement sur ce plan.

La même opération pourrait être faite, pour les autres faces, sur le plan R si son intersection avec le plan horizontal était en dehors de Y Y_1.

92. Dans les rabattements que nous venons d'opérer (**art. 89** et **90**), nous avons considéré les deux faces symétriques de deux pieds afin que l'évidence de l'opération se manifeste à la vue de l'épure. Il n'est pas possible en effet de concevoir, dans le rabattement des faces quelconques (O, O') et (T, T') autour de X Y, qu'un point (g, g') tombe en dehors de la droite g G' menée du point g perpendiculairement à l'axe X Y. Mais si au lieu des deux faces on n'en considère qu'une : la face (O, O') par exemple, l'axe de rabattement sera X 1, et la droite g G' n'en sera pas moins perpendiculaire à cet axe ; elle le coupera sur son prolongement en Z, et ce dernier point sera toujours le centre de l'arc de cercle de (g, g').

93. Toutes les droites qui, sur le plan de projection où l'axe est donné, ont leur projection parallèle à l'axe de rabattement, sont des droites parallèles à l'axe (**art. 51**). Les arcs de cercle que décrivent tous les points de ces droites ont des rayons égaux : c'est pourquoi il suffit de savoir où se place un point de ces droites sur le plan de projection où la face est rabattue, pour les construire dans leur direction, puisqu'il n'y a plus qu'à mener par ce point une parallèle à l'axe.

Toutes les droites qui, sur le plan de projection où l'axe est donné, ont leur projection oblique à l'axe sont des droites obliques à l'axe; les arcs de cercle que décrivent tous les points de ces droites ont des rayons de différentes longueurs, par la raison que les distances de chaque point à l'axe sont inégales. Dans ce cas il faut déterminer les longueurs des rayons de deux points de la droite, que l'on prend ordinairement à ses extrémités, pour qu'il soit possible de la construire à sa place quand la face est rabattue sur un plan de projection. Il n'y a d'exception à cette règle que dans le cas particulier où l'une des extrémités de la droite est donnée sur l'axe de rabattement. Alors il suffit de savoir où se place, après le rabattement, le point de l'autre extrémité pour que la position de la droite soit déterminée. Toutes les arêtes des faces des pieds du tréteau sont dans ce cas.

Dans les exemples qui vont suivre, nous aurons un grand nombre de lignes de construction obliques à l'axe. Chaque fois que le cadre de l'épure permet de prolonger les projections de ces lignes jusqu'à l'axe, on doit le faire afin que, dans le rabattement de la face, l'on n'ait plus à considérer qu'un seul point de ces lignes. Cette manière d'opérer a pour objet non-seulement d'abréger les constructions, mais encore de les faire avec plus de précision.

RABATTEMENT DES FACES PLANES DE BATIS DE CAISSE

QUI NE SONT PAS PARALLÈLES A UN PLAN DE PROJECTION.

94. Parmi les lignes qui servent à déterminer la position d'une face plane d'un bâti, les plus remarquables sont ses *traces* sur les plans de projection ; elles suffisent pour indiquer rigoureusement la position de la face, sinon sa grandeur, et c'est ensuite autour de ces lignes, considérées comme axe d'une charnière, que s'opèrent ordinairement les rabattements ; où si l'axe de rabattement est perpendiculaire à la trace d'une face, le rayon de l'arc de cercle que décrit chaque point, étant parallèle à cette trace, s'y projette dans toute sa longueur.

95. Ce qu'il importe de remarquer aussi dans le rabattement d'une face plane, c'est que chaque point considéré vient se placer, sur la face rabattue, sur une droite menée de la projection du point dans le plan où l'axe est donné, perpendiculairement à cet axe.

Ainsi, lorsque l'axe de rabattement et les projections des points que l'on considère sur une face sont déterminés sur un plan quelconque P, on mène, par toutes les projections sur ce plan, des points considérés, des perpendiculaires indéfinies à l'axe. On porte ensuite sur ces perpendiculaires, à partir de l'axe, la longueur du rayon de l'arc que décrit chaque point, pour déterminer le lieu où les points considérés se placent sur la face rabattue.

La détermination rigoureuse des traces ne pourra être traitée que dans la seconde partie, par la raison que cette opération doit être précédée de celles qui fixent les dimensions des caisses, leur mode de génération déterminant à la fois la surface extérieure des caisses et des bâtis. C'est en portant ensuite à partir de cette surface, les dimensions particulières à chaque bâti, que l'on détermine les traces des faces planes dont ils sont formés.

Dans ce chapitre nous fixons arbitrairement les traces des faces planes sur les plans de projection, en leur conservant néanmoins le sens qu'elles doivent occuper dans la caisse. Mais nous exagérons au besoin leur obliquité afin que l'on distingue mieux la face rabattue avec sa projection.

96. En conservant aux plans de projection les positions respectives que nous leur avons assignées (**art. 62**), c'est-à-dire le plan horizontal placé à la partie inférieure de la caisse, le premier plan vertical au milieu dans l'axe longitudinal et le plan latéral, si l'on en fait usage, à droite, il y aurait des faces planes de bâtis qui n'auraient pas de traces sur ces plans. Dans ce cas il faut : ou transporter les plans de projection jusqu'à ce qu'ils touchent les bâtis, mais parallèlement à leur position première, afin de conserver les projections à la même place; ou prolonger les faces planes des bâtis jusqu'à la rencontre d'un plan de projection pour y déterminer leur trace. On retranche ensuite, sur les faces rabattues, la partie ajoutée.

97. Quelle que soit la position d'une face plane d'un bâti, on peut toujours, en la prolongeant, lui faire rencontrer deux plans de projection ; on obtiendrait ainsi deux traces autour desquelles on pourrait opérer le rabattement de la face sur l'un des deux plans. Mais, comme un seul plan suffit, on prend toujours celui où le rabattement est le plus facile à opérer. Toutefois nous devons déclarer tout de suite qu'aucune méthode ne peut guider dans cette circonstance pour le choix du plan de projection, attendu qu'il dépend de la position particulière de la face plane considérée. Il n'y a donc que les exemples variés qui peuvent faire apercevoir aux commençants le plan de projection le plus convenable pour opérer un rabattement. Aussi, dans les opérations qui vont suivre, nous avons choisi les bâtis de caisses pris dans des positions différentes afin de donner des exemples sur toutes les variétés que l'on peut rencontrer.

RABATTEMENT DES FACES PLANES D'UN PIED DE PHAÉTON OU DE TILBURY.

98. Les pieds de phaéton ou de tilbury ont ordinairement une face plane sur l'arrière perpendiculaire au plan vertical. La trace de cette face sur le plan horizontal est alors perpendiculaire à la ligne de terre XY. Mais cette face plane ne suffit pas pour tracer avec exactitude toutes les lignes d'opération ; on en forme une autre en dedans dont la trace sur le plan horizontal est parallèle à XY, et, par suite, perpendiculaire à la première trace.

Soient P, Q et R *(fig. 61)* les trois plans de projection sur lesquels les faces du dedans et du derrière d'un pied de phaéton sont projetées en (T, T') et U_1 comme il est dit (**art. 62**). Le plan Q, que nous plaçons ordinairement au milieu de la caisse, a été avancé parallèlement à sa position jusqu'à ce que son intersection XY avec le plan P se confonde avec la trace xy de la face (T, T'). On suppose le plan R élevé sur YY_0 ; son intersection avec le plan Q est la verticale Y' Y.

Voici maintenant comment les deux faces proposées sont projetées et données de position par leurs traces sur ces trois plans. La face (T, T') ayant sa trace xy, ou XY si on la suppose prolongée, perpendiculaire à l'intersection YY_0 des plans P et R, est perpendiculaire à ce dernier et s'y projette suivant a_3Y. De même la face projetée en U_1 sur le plan R ayant, sur le plan P, sa trace yz ou y Z si on la suppose prolongée, perpendiculaire à l'intersection XY des plans P et Q, est perpendiculaire à ce dernier et s'y projette suivant $a'y$ (1).

99. La face (T, T') ayant sa trace xy sur la commune intersection des deux plans P et Q, l'on peut rabattre cette face, par un simple mouvement de rotation autour de cette trace, sur l'un quelconque de ces deux plans. Mais il est préférable ici d'opérer le rabattement sur le plan vertical, par la raison que les bâtis de caisse qui s'assemblent avec le pied sont projetés sur ce plan.

Les lignes à considérer sur les faces proposées sont celles qui forment leur périmètre et les intersections de ces faces avec celles des bâtis qui s'assemblent avec le pied. Nous allons d'abord, dans tous les rabattements, considérer les premières : nous verrons ensuite où les secondes viennent se placer sur les faces rabattues.

100. Le périmètre de la face (T, T') est composé de lignes droites et d'une ligne courbe. Les droites sont déterminées de position sur la face rabattue par les deux points de leurs extrémités lorsqu'elles sont obliques à l'axe, et par un seul point lorsqu'elles sont perpendiculaires ou parallèles à l'axe.

(1) Nous avons projeté ici, sur le plan P, toutes les arêtes visibles du pied, afin de bien faire comprendre sa position; mais il n'y a de rigoureusement nécessaire pour la démonstration que les projections des lignes qui forment le périmètre des faces considérées.

Quant aux courbes il faut déterminer plusieurs de leurs points afin qu'il soit possible de les tracer avec exactitude.

Nous considérons donc sur la face proposée sa trace xy, et les points (a, a'), (b, b'), (c, c'), (d, d'), (e, e'), pris sur la courbe en avant du pied, et à l'extrémité des droites qui forment le périmètre de cette face.

101. L'axe de rotation XY étant perpendiculaire au plan R, le rayon de chaque point se projette dans toute sa longueur sur ce plan suivant la droite a_3Y. Ainsi le rayon de (a, a') est la perpendiculaire $(aa_0, a'a_0)$ abaissée de (a, a') sur l'axe. Les deux projections aa_0 et $a'a_0$ de cette droite sont respectivement parallèles aux deux traces Y_0Y et Y' Y du plan R sur les plans P et Q, et par suite parallèles au plan R (**art. 84**). Les points a_0 et (a, a') se projettent en Y et a_3 ; donc la droite a_3 Y qui joint ces points est égale et parallèle au rayon $(aa_0, a'a_0)$.

102. On peut aussi démontrer que le rayon de chaque point de la face (T, T') se projette dans sa longueur sur le plan R, suivant la droite a_3Y, de la manière suivante : Concevons par un point quelconque (a, a') un plan perpendiculaire à l'axe XY. Ce plan coupera la face (T, T') suivant une droite $(a a_0, a' a_0)$, qui sera le rayon du point (a, a'). Mais ce plan est parallèle au plan R puisqu'ils sont tous les deux perpendiculaires à une même droite XY. Donc toutes les lignes contenues dans le premier se projetteront dans toute leur grandeur sur le second. Or la face (T, T') étant projetée suivant a_3Y sur le plan R, toutes les lignes que l'on peut tracer sur cette face se projetteront suivant a_3Y, et dans le cas particulier où une droite quelconque $(aa_0, a'a_0)$ est parallèle au plan R, elle se projette dans toute sa longueur suivant a_3Y sur ce plan.

103. Enfin on peut encore démontrer que le rayon du point (a, a') est égal à la trace a_3Y par la méthode qui a été exposée (**art. 85**) pour déterminer la longueur d'une droite : La longueur du rayon $(aa_0, a'a_0)$ est l'hypoténuse d'un triangle rectangle qui a pour côtés de l'angle droit aa_0 et $a'a_0$; la trace a_3Y est également l'hypoténuse d'un triangle rectangle qui a pour côtés de l'angle droit a_1Y ou a_2Y égal aa_0, et a_3a_2 égal $a'a_0$. Or les deux côtés de l'angle droit étant respectivement égaux dans chaque triangle, il s'ensuit que les hypoténuses sont égales.

104. Ce que nous venons d'exposer pour (a, a') s'applique à tous les autres points. La longueur du rayon de chaque est donnée suivant a_3Y sur le plan R à partir de sa projection sur ce plan jusqu'à l'axe du point Y. Portant ces longueurs sur les perpendiculaires menées des projections verticales a', b', c', d', e' sur l'axe : Ya_3 de a_0 en A, Yb_3 de b_0 en B, Yc_3 de c_0 en C... et joignant ensuite tous les points ainsi obtenus par les droites Ay, Ex et la courbe ABCDE, on aura le périmètre de la face (T, T') rabattue sur le plan Q.

105. Les bâtis qui s'assemblent avec le pied sont la ceinture de rotonde M, la parclose N, la traverse d'écartement O dont les faces du dessus et du dessous règnent ordinairement avec la ridelle S, et enfin le brancard V. Les faces du-dessus et du dessous de ces bâtis, et celle de l'assemblage *m n* du pied avec le brancard, sont des faces planes perpendiculaires au plan Q. Elles coupent la face (T, T') en des droites qui se projettent sur ce plan suivant *f g*, *h i*, *c' o*, *p q* et *m n*. Il s'agit maintenant de démontrer où ces droites viennent se placer sur la face rabattue.

106. Les faces planes qui coupent la face (T, T') suivant les droites qui se projettent en *h i*, *c' o* et *p q*, sont horizontales, par suite leur intersection avec la face (T, T'), sont des horizontales parallèles à X Y (**art. 33**). Les projections de ces lignes et leur position sur la face rabattue sont parallèles entre elles (**art. 93**). Or, pour tracer ces lignes sur la face rabattue, on détermine, comme nous avons fait précédemment pour (a, a'), un de leurs points *h'*, C et p' sur cette face. Les parallèles à l'axe menées par ces points seront les droites demandées.

107. Les faces planes qui coupent la face (T, T') en des droites qui se projettent suivant *f g* et *m n* sont obliques à l'axe, et dans ce cas particulier leurs intersections avec la face (T, T') considérées successivement sur cette face projetée et rabattue, forment un angle dont le sommet est sur l'axe ou sur son prolongement. Ainsi, pour avoir la position sur la face rabattue, de la droite de cette face projetée en *m n*, on prolonge cette ligne jusqu'à sa rencontre en *j* avec X Y, puis on construit un autre point quelconque *n'* de cette droite sur la face rabattue, la droite *j n'* qui joint les points ainsi déterminées est la droite demandée.

108. La face plane du dessous de la ceinture projetée suivant *f g* est inclinée sur l'axe de un centimètre sur une longueur de 40 centimètres environ, et comme le point *f* est à une distance de 60 centimètres de X Y, si l'on prolongeait la projection *f g* jusqu'à l'axe elle le rencontrerait, à gauche, à une distance de 60 × 40, soit 24 mètres du point *f*. Or cette droite rabattue passe par *f'* et sa projection par *f*. L'angle formé par ces deux droites aurait donc sensiblement l'ouverture *f f'* à une distance de 24 mètres du sommet. Cet angle étant presque nul, on le néglige dans la pratique en traçant la droite *f' g'* parallèlement à *f g*. Cependant, si l'assemblage avait une grande étendue, il faudrait tenir compte de cet angle. Dans ce cas on prolongerait la projection *f g* autant que le permettrait le cadre de l'épure, et pour déterminer sa place sur la face rabattue, on y construirait les deux points de ses extrémités.

109. Nous avons maintenant la face (T, T') rabattue sur le plan Q avec toutes les lignes qu'elle comporte. Pour transporter ces lignes avec exactitude sur le bâti, il faudrait exécuter d'abord, suivant le périmètre de cette face, un calibre qui servirait à le transporter sur la face correspondante du bâti. Ensuite, lorsque le bâti est corroyé sur les autres faces contiguës, on le présente sur le plan de façon que sa face du dedans coïncide parfaitement avec le périmètre *y* A B C D E *x*. Dans cet état on relève sur les arêtes, intersections de la face du dedans et des faces contiguës du devant et du derrière, les directions *f' g'*, *h' i'*, C *o'*, *p' q'* et *j n'* des assemblages. Il ne reste plus après qu'à tracer les directions des mêmes assemblages sur les faces contiguës à celle du dedans, en les faisant passer par les points qui sont déjà déterminés sur les arêtes.

110. L'une des faces contiguës avec le dedans du pied est la face plane projetée en U_1 sur le plan R. Remarquons que cette face et toutes celles du dessus et du dessous des bâtis qui s'assemblent avec le pied, sont perpendiculaires au plan Q. Or elles se coupent suivant des droites horizontales puisque toutes ces droites sont perpendiculaires au plan vertical (**art. 37**). Donc les directions des assemblages sur la face projetée en U_1 sont des horizontales parallèles entre elles et par suite à $Y Y_1$. Pour tracer ces lignes sur la face projetée en U_1, il suffit de connaître l'angle qu'elles forment avec l'arête projetée en a_3 Y. Cet angle nous sera donné en faisant exécuter à la face projetée en U_1 un mouvement de rotation autour de sa trace *y* Z, sur le plan P, jusqu'à ce qu'elle soit amenée dans une position verticale. Alors l'arête projetée suivant a_3 Y viendra se placer en a_5 Y, et l'angle $a_5 Y Y_1$, qu'elle formera avec $Y Y_1$, sera l'angle demandé.

Pour construire dans sa grandeur l'arête a_5 Y sur le plan R, on remarquera qu'en tournant autour de *y* Z l'arc de cercle décrit par (a, a') à son centre en a_{11} ; le rayon de cet arc est $(a\,a_{11}, a'\,y)$. Mais la projection $a\,a_{11}$ étant parallèle à X Y, le rayon de (a, a') est parallèle au plan Q et se projette dans toute sa longueur de *a'* en *y* sur ce plan. De *y* comme centre avec le rayon *a' y*, on décrit l'arc *a' a''* jusqu'à la rencontre de la verticale *a''' y*. Lorsque le point (a, a') se projette en (a_{11}, a''') la face projetée en U_1 est verticale et parallèle au plan R. Alors le point a_3 est transporté en a_5 à une hauteur $a_5\,a_2$ égale à *a''' y*, et à une distance a_5 Y' de YY' égale à $a_{11}\,y$.

La *figure* 62 montre la face projetée en U_1 rabattue sur le plan horizontal en U.

111. Il n'est point nécessaire de construire, dans sa grandeur sur le plan R, la courbe projetée en $k\,l\,z_2$, car lorsque les directions des assemblages sont tracées sur la face plane correspondante du bâti, pour construire sur cette face la courbe projetée en $k\,l\,z_2$ il suffit de porter sur ces directions les longueurs exprimées sur les projections qui leur correspondent. Par exemple, pour construire sur le bâti ou sur le calibre le point de la courbe projeté en *l*, on portera, à partir de l'arête, la distance $c_3\,l$ sur la direction de l'assemblage du dessous de la parclose qui passe par les mêmes points. On procédera de même pour les autres points considérés de cette courbe.

N'ayant point à nous occuper ici des assemblages qui seront traités dans la seconde partie, mais seulement de leurs directions sur les faces planes, les opérations que nous venons de résoudre pour déterminer la grandeur de chacune des faces planes d'un pied de phaéton et les directions des assemblages, sont complètes.

112. Remarquons ici que, pour obtenir toute la précision et la célérité possibles dans l'exécution des assemblages, on limite toutes les parties qui les constituent, tenon, mortaise, arasement, enfourchement, entaille, embrèvement....., sur toutes leurs faces, par des surfaces planes. Or les directions des assemblages d'un bâti avec un autre bâti, provenant de l'intersection d'une face plane de l'un avec toutes les faces de l'autre, la première étant plane, toutes les autres, qu'elles soient planes ou courbes, sont coupées suivant des droites pour les premières, des droites ou des courbes pour les secondes, qui se trouvent toutes dans un même plan, et lorsque deux de ces lignes sont déjà données sur deux faces planes contiguës, la position du plan est déterminée. L'article 151 fera comprendre ces généralités.

113. *Remarque.* Il n'est pas nécessaire de construire toutes les lignes que présente la *figure* 61 pour les questions que nous venons de résoudre ; on peut parfaitement se dispenser des projections horizontales : les projections sur les deux autres plans suffisent. En effet, la face projetée en (T, T') étant perpendiculaire au plan R, on sait que, dans le rabattement de cette face sur le plan Q, chaque point décrit un arc de cercle dont le rayon, parallèle au plan R, se projette sur ce plan suivant a_3 Y. Or, pour avoir le rayon d'un point quelconque dont la projection est b', par exemple, sur le plan Q, on mènera par cette projection une droite $b'\ b_3$ parallèle à X Y ; cette ligne coupe a_3 Y en b_3, qui est l'autre projection du point sur le plan R. Or le rayon de (b', b_3) est ($b'\ b_0$, b_3Y), et comme la projection $b'\ b_0$ est parallèle à l'intersection Y' Y des deux plans, il s'ensuit que le rayon est parallèle au plan R et se projette dans toute sa longueur de Y en b_3 sur ce plan. Le même raisonnement étant applicable à chaque point et à chacune des faces, on voit que les projections horizontales ne sont pas indispensables. Mais, pour la démonstration, ces projections sont un puissant auxiliaire : d'abord elles facilitent la lecture de l'épure et soulagent ainsi l'attention du lecteur, surtout de celui qui n'est pas exercé aux constructions graphiques. On s'en sert ensuite, ne serait-ce que par comparaison avec les deux autres plans, pour justifier la longueur du rayon de chaque point.

Lorsque nous traiterons des assemblages, nous indiquerons des moyens pratiques plus rapides pour trouver la grandeur de quelques faces planes et les directions des assemblages ; mais dans ce chapitre nous tenons à nous renfermer dans la théorie pure.

RABATTEMENT DES FACES PLANES D'UNE AILE DE CABRIOLET.

114. On nomme ailes les bâtis placés chaque côte à l'entrée d'une caisse de cabriolet et dont l'une est projetée en T' sur le plan vertical (*fig.* 63). Pour tracer sur les ailes de cabriolet les lignes de construction qu'elles comportent, on y forme une face plane du côté du dedans de la caisse, et quelquefois aussi une autre sur l'arrière. L'aile que nous représentons ici est considérée avec ces deux faces.

Les trois plans de projection sont à la place qu'ils occupent ordinairement : le premier P sous la caisse, le deuxième Q dans l'axe au milieu, et le troisième, à droite, coupant les deux autres suivant Y Y_0 et Y' Y.

115. Ayant exécuté les projections verticales comme il est dit (**art. 62**), c'est-à-dire avec les données qui fixent les dimensions de la caisse (ces données seront traitées dans la deuxième partie), on détermine ensuite les traces des faces, puis les projections de leur périmètre sur les deux plans P et R.

Pour exécuter ces opérations avec facilité on coupe l'aile par une suite de plans parallèles placés d'une manière quelconque dans l'espace. Ces plans pourront, par exemple, être verticaux et parallèles au plan R. Dans ce cas, les traces de chacun d'eux sur les plans P et Q seront parallèles à Y_0 Y et Y' Y. Et comme on est libre de les distancer arbitrairement nous supposons que ces traces soient les droites indéfinies H, H_1, H_2, H_3, H_4 et H_5 pour le premier plan et V, V_1, V_2, V_3, V_4 et V_5 pour le second.

Dans la deuxième partie nous démontrerons d'une manière générale toutes les ressources que fournit l'emploi d'un système de plans analogues. Nous indiquerons également les positions qu'il convient de leur donner dans chaque cas, le tout pour les constructions des intersections de surfaces. Dans ce moment nous nous bornons à en faire l'emploi au sujet en question.

116. De ce que, dans le rabattement des faces planes, tous les points considérés doivent être rapportés à l'axe, pour connaître la longueur du rayon de chaque point, on est constamment obligé de considérer les faces dans leur prolongement. Cette manière de les envisager fournit aussi de précieuses ressources pour construire leurs projections sur tous les plans de projection, ainsi que l'on pourra s'en convaincre en examinant attentivement les exemples qui suivent.

117. Au lieu donc de considérer la face en dedans de l'aile dans la projection de son périmètre $o'\ p'\ h_0\ t\ k'$ sur le plan Q, nous la supposons prolongée de façon que cette projection, sur ce plan, s'étende en $a'\ b_0\ l_0\ k'$. La face en dedans de l'aile se trouve ainsi limitée à sa base par le plan horizontal; en avant et en arrière par les plans verticaux qui ont leurs traces sur les plans P et Q en (H, V) et (H_5, V_5).

118. La position d'une face plane étant déterminée par celles de deux droites, prises sur cette face, qui se coupent (**art. 28**), nous allons d'abord déterminer la position de la face (T, T') en donnant celles de ses deux intersections ou traces avec le plan horizontal P et le plan vertical (H_5, V_5).

Pour déterminer rigoureusement ces deux intersections, il faudrait procéder comme il est dit (**art. 95**), c'est-à-dire déterminer d'abord la surface extérieure de la caisse et ensuite l'épaisseur de l'aile. Mais, comme ces opérations seront traitées dans la deuxième partie, nous fixons ici arbitrairement les intersections en question.

Soit donc L B la trace ou intersection de la face (T, T'), avec le plan horizontal; cette trace se projette en $l_0 b_0$ sur le plan Q. L'autre intersection avec le plan vertical (H_5, V_5) coupe la première en (B, b_0); la projection de ce point sur le plan R est b_2. Or la projection sur ce plan de l'intersection de la face (T, T') et du plan vertical (H_5, V_5) passera par b_2; soit dans a_2 b_2 cette droite.

119. La courbe Z et la droite a_2 b_2 sont, sur le plan R, les projections de l'intersection du plan (H_5, V_5) avec le dehors et le dedans de l'aile considérée dans son prolongement. La courbe Z est ce que les menuisiers en voitures nomment *devers* ou *évasement* de la caisse. Il faut donc entendre par *devers* l'intersection avec le dehors de la caisse d'un plan vertical (H^5, V^5) perpendiculaire au plan Q et passant par un point convenu, (a, a') par exemple.

120. Les deux lignes L B et a_2 b_2 étant déterminées, il est facile de construire, sur les deux plans P et R, les projections du périmètre de la face (T, T'). Commençons par celles du plan R. Les intersections de la face (T, T') et des plans verticaux (H_4, V_4), (H_3, V_3), (H_2, V_2), (H_1, V_1) et (H, V), coupent la trace L B en des points D, F, h, J et L. Ces points se projettent sur le plan R et sur la ligne de terre en d_2, f_2, h_2, j_2 et l_2. Or les projections des intersections en question passeront par ces points, et de plus elles seront parallèles à a_2 b_2, car toutes proviennent de droites parallèles qui résultent de l'intersection d'une face plane avec des plans parallèles entre eux. Menant par d_2, f_2, h_2, j_2 et l_2 des parallèles $d_2 c_2$, $f_2 e_2$, $h_2 g_2$, $j_2 i_2$ et $l_2 k_2$ à a_2 b_2, jusqu'à leur rencontre avec les lignes de projection parallèles à X Y, qui correspondent aux projections des mêmes lignes et de la courbe en avant de l'aile dans le plan Q, on déterminera et la longueur des intersections et les projections des points c_2, e_2, g_2, i_2 et k_2 de la courbe. Joignant ces points, la surface $a_2 b_2 l_2 k_2 i_2 g_2$ $e_2 c_2$ est, sur le plan R, la projection correspondante à celle du plan Q affectée des mêmes lettres.

121. Au lieu de considérer les droites a' b_0, c' d_0, e' f_0... comme les traces d'une suite de plans verticaux perpendiculaires au plan Q, on pourrait les regarder comme les projections, sur ce plan, de lignes parallèles tracées sur la face (T, T'). Alors les droites affectées des mêmes lettres sur le plan R seraient, sur ce plan, les projections correspondantes, et la marche que nous venons d'exposer serait la même pour construire ces projections. Mais ce nouveau mode de démonstration nous entraînerait dans des définitions trop longues ainsi qu'il en sera fait mention plus loin.

122. Nous savons déjà par de nombreux exemples que deux plans de projection suffisent pour déterminer la position d'une face plane. Or, pour construire maintenant les projections horizontales, il nous suffit d'y rapporter celles des points correspondants, déterminées sur les deux autres plans. Ainsi la projection horizontale d'un point quelconque (a', a_2) tombe sur la ligne de projection b_0 a, à une distance de X Y égale à la distance de a_2 à Y' Y; il en est de même de tous les autres points. Portant a'' a_2, de b_0 en a; c'' c_2 de d_0 en c; e'' e_2 de f_0 en e.... et ainsi de suite, on obtiendra les projections a, c, e, g, i, k du plan horizontal, que l'on joindra comme le montre la figure.

123. On peut encore construire les projections horizontales en procédant d'une autre manière. Par b_2 élevons la verticale b_2 x; cette droite se projette sur le plan P en un point unique B ; or la distance du point (a, a') à cette verticale est 1 a_2 égal B a. Au lieu de porter a'' a_2 de b_0 en a, on porte 1 a_2 de B en a. On peut en faire autant pour chacune des autres projections, et le résultat sera évidemment le même qu'à l'article précédent.

124. Nous allons maintenant opérer le rabattement de la face (T, T') sur le plan P, en la faisant tourner autour de sa trace L B sur ce plan.

Les lignes que nous considérons d'abord sont celles qui forment le périmètre de cette face. Ces lignes sont marquées par les points dont nous venons de construire les projections. Par toutes les projections de ces points sur le plan P, on mène des perpendiculaires indéfinies a A, c C, e E.... à l'axe L B, et l'on porte sur ces perpendiculaires, à partir de l'axe, la longueur du rayon de l'arc de cercle que décrit chaque point, en procédant comme nous allons le démontrer pour un point quelconque (a, a').

L'arc de cercle décrit par ce point a son centre en u sur L B, son rayon est la perpendiculaire (a u, a' u_0) abaissée de (a, a') sur l'axe; la longueur de cette droite est l'hypoténuse d'un triangle rectangle qui a pour côtés de l'angle droit sa projection horizontale a u et son élévation a' b_0 au-dessus de ce plan. Sa longueur est a' u''. Portant cette longueur sur u A de u en A, ce dernier point est celui où vient se placer (a, a') sur la face rabattue.

Pour obtenir la longueur du rayon de chacun des autres

points qui viennent se placer en C, E, G, I, K, il suffit de mener par toutes les projections verticales correspondantes c', e', g', i' et k' des parallèles à a' u'' les longueurs prises sur ces droites, entre les points d'où elles partent et la ligne de terre, seront les longueurs demandées.

125. Au lieu de chercher la longueur du rayon de l'arc que décrit chaque point pour déterminer sa place sur la face rabattue, on peut également déterminer cette place à l'aide d'un système de droites quelconques qui, partant de l'axe, passeraient par chaque point proposé.

Les droites (a B, a' b_0), (c D, c' d_0), (e F, e' f_0).... sont propres à remplir cette condition; elles ont une de leur extrémité sur l'axe, et l'autre extrémité aboutit aux points proposés (a, a'), (c, c'), (e, e').... Si nous connaissions la longueur de chacune de ces droites il nous serait facile de les construire sur la face rabattue. Mais nous savons (**art. 115**) qu'elles proviennent de l'intersection de la face (T, T') et de plans verticaux parallèles au plan R. Or toutes ces droites se projettent dans leur longueur sur ce dernier en b_2 a_2, d_2 c_2, f_2 e_2,.... Pour les construire sur la face rabattue on remarquera que chacune de leur extrémité est déjà donnée sur l'axe en B, D, F,.... et que l'autre extrémité doit tomber sur la perpendiculaire menée par chaque projection qui leur correspond a, c, e.... à l'axe. Ainsi la droite (a B, a' b_0) viendra se placer en A B, de manière que son extrémité A s'applique sur la perpendiculaire a A à l'axe, à une distance de B égale à a_2 b_2. Toutes les autres droites C D, E F.... s'obtiendront de la même manière. Remarquons qu'elles doivent être parallèles entre elles comme provenant de l'intersection d'une face plane par des plans parallèles. Or, la droite A B étant déterminée sur le rabattement, on mènera par les points D, F, h.... des parallèles D C, F E, h G,.... à cette droite. Les points d'intersection C, E, G,.... de ces parallèles avec les perpendiculaires c C, e E, g G,.... menées des projections c, e, g.... à l'axe, déterminent sur la face rabattue, la position des points (c, c'), (e, e'), (g, g')....

Cependant, comme les angles D C c, F E e,.... sont très-aigus, et que, dans ce cas, il est difficile de distinguer les points d'intersection que l'on pourrait prendre un peu plus haut ou un peu plus bas, il est prudent de porter la longueur de chaque droite comme nous avons fait pour A B.

126. Il nous reste maintenant à déterminer sur la face rabattue les intersections de cette face et des faces planes des bâtis qui s'assemblent avec l'aile. Ces intersections provenant de faces planes perpendiculaires au plan Q, se projettent sur ce plan suivant les droites m' n', r' p' et o' p'. Pour obtenir toute la précision possible on prolonge ces droites ou, en d'autres termes, on les considère dans leur prolongement. Les droites qui se projettent en r' p' et o' p' peuvent être prolongées jusqu'à l'axe, alors leur projections sur les deux plans P et Q sont (p h, p' h_0) pour la première, (o q, o' q_0) pour la seconde. On obtient la projection p sur le plan horizontal, en portant la distance 2 p_2 du plan R, de B en p.

Mais de ce que le point (p, p') appartient à la droite déjà rabattue A B, il n'est point nécessaire de projeter sur le plan horizontal les deux droites passant par ce point. On porte la distance b_2 p_2 sur la droite B A, de B en p'', ce dernier point et ceux h et q, qui sont sur l'axe, déterminent les droites demandées h p'' et q O.

Pour construire sur la face rabattue la droite projetée en m' n' on prolonge sa projection jusqu'en s'; ensuite on projette sur le plan R les deux points de ses extrémités, en m_2 et s_2, puis l'on porte les longueurs l_2 m_2 de L en m, et b_2 s_2 de B en s. Joignant ensuite tous les points obtenus on aura, dans sa grandeur, le périmètre de la face proposée et ses lignes de construction sur le rabattement en T''.

On transportera ces lignes sur la face plane du bâti à laquelle elles correspondent, en opérant comme il est dit (**art. 109**).

Quant à la face projetée en U_1, elle est disposée absolument comme celle du pied de phaéton qui a été traitée (**art. 110** et **111**). Les opérations qu'elle comporte sont d'ailleurs indiquées sur la figure.

127. Au lieu d'opérer le rabattement de la face (T, T') sur le plan horizontal, on pouvait l'opérer sur le plan R, la méthode à suivre eût été la même : construire sur ce plan la trace de la face et les projections des points que l'on considère. Ainsi, pour simplifier la question, on aurait transporté le plan R de façon que ses traces Y Y_0 et Y Y' avec les plans P et Q fussent en b_0 a et b_0 a'. Dans cet état la droite a_2 b_2 serait la trace de la face (T, T'), et toutes les projections de cette face sur le plan R n'auraient point changé, puisque ce plan aurait été transporté parallèlement à sa position première. Par toutes ces projections on mènerait des perpendiculaires à la droite a_2 b_2 que l'on prendrait pour axe de rabattement, et l'on porterait sur ces lignes, à partir de l'axe, la longueur du rayon de l'arc que décrirait chaque point, ou la longueur d'un système de droites partant de l'axe et passant chacune par l'un des points considérés. Ainsi, pour construire un point quelconque (l_0, l_2), on mènerait, par la projection l_2, une perpendiculaire indéfinie l_2 L' à a_2 b_2, et l'on porterait sur cette droite la distance B L de b_2 en L'; la droite b_2 L' qui joint ces points, serait, sur le plan R, le rabattement de la trace B L. On procéderait de même pour tous les autres points.

128. Enfin, pour construire sur le plan Q la face (T, T') dans sa grandeur, on ferait d'abord exécuter autour de L B un mouvement de rotation à cette face pour l'amener dans une position verticale. On lui ferait ensuite exécuter un autre mouvement de rotation autour d'un axe vertical de l'un des points L ou B, pour amener la trace L B dans une position parallèle à X Y. Dans cet état, la face (T, T') serait parallèle au plan Q, et sa nouvelle projection sur ce plan la représenterait dans toute sa grandeur.

129. Ces exemples montrent que, dans bien des cas, le choix du plan de projection sur lequel on construit, dans sa grandeur, une face plane, peut être indifférent. C'est à l'exécutant de choisir le plan qui lui présente le plus de facilités, soit en raison du cadre de l'épure, soit pour éviter la confusion des lignes. Notre but ici est de lui faciliter ce choix en lui indiquant la marche à suivre dans chaque cas.

Les considérations que nous avons présentées pour les rabattements des faces du pied de phaéton et d'une aile de cabriolet, et la méthode suivie pour en déterminer le périmètre et les lignes de construction, nous montrent un exemple complet sur cette matière. On peut encore, il est vrai, résoudre les mêmes opérations, par des projections sur des plans obliques, dans le cas où, comme la face de l'aile d'un cabriolet, la trace sur le plan horizontal est oblique à la ligne de terre. Mais cette méthode, très-intéressante au point de vue théorique, est, par la considération de plans obliques et auxiliaires, plus compliquée que celle que nous avons exposée et, par suite, d'une application moins pratique, surtout pour la menuiserie en voitures. Par toutes ces raisons nous croyons inutile d'en exposer ici les principes.

130. Nous appelons tout particulièrement l'attention du lecteur sur le système de plans verticaux mentionnés (**art. 115**), et en général sur tous les plans que l'on dispose à volonté dans toutes les positions, pour créer des lignes d'opération à l'aide desquelles on parvient à résoudre tous les problèmes proposés. Ce sont là ces surfaces imaginaires dont il a été parlé (**art. 9**).

La considération de ces plans n'est pas absolument nécessaire dans ce chapitre parce qu'il s'agit de surfaces planes sur lesquelles il est toujours facile de fixer exactement la position des lignes d'opération qui sont des lignes droites. Cependant, ainsi que nous allons le démontrer ici, en considérant les lignes d'opération comme des intersections de plans et de surfaces planes, l'on abrége les définitions et l'on donne une idée plus nette de la position de ces lignes. Mais c'est surtout lorsqu'il s'agit de surfaces courbes que les plans en question sont indispensables. Comment, en effet, définirait-on la courbe projetée en Z sur le plan R (*fig.* 63)? Pourrait-on dire que cette courbe a été tracée sur la surface de la caisse avec une règle pliante; mais la surface de cette caisse est une surface courbe à double courbure sur laquelle une règle, ne pouvant coïncider exactement, peut prendre plusieurs positions, même en passant par deux points donnés. Or la ligne tracée avec cet instrument n'ayant pas une position bien déterminée, ne peut être définie rigoureusement. Il n'en est pas de même de l'intersection de la surface de cette caisse par un plan. Ainsi, en admettant que la courbe projetée en Z soit l'intersection du plan vertical (H_5, V_5) et de la surface de la caisse, on a une idée nette de la position de cette courbe qui, dans ce cas, est parfaitement définie. Tous ses points se projettent sur le plan P suivant la droite B a et sur le plan Q suivant $b_0\ a'$. En effet ces deux droites sont les traces du plan coupant, et comme il est perpendiculaire aux plans P et Q, toutes les lignes que l'on peut concevoir dans ce plan viendront se projeter sur ses traces.

En considérant toutes les lignes d'opération comme des intersections de surfaces, même dans les problèmes sur les surfaces planes, on généralise une méthode indispensable à la résolution des problèmes sur les surfaces courbes, et, comme il est dit plus haut, on abrége les définitions. On aura une idée de ces avantages dans l'exemple suivant.

131. En menant par un point quelconque (g, g') un plan vertical perpendiculaire au plan Q, nous savons, rien que par cette simple définition, que toutes les lignes que l'on peut concevoir dans ce plan se projettent suivant ses traces $h_0\,g$ et $h_0\,g'$ sur les deux plans P et Q, et parallèlement à elles-mêmes sur le plan R. Maintenant nous avons besoin d'une ligne d'opération pour relier le point (g, g') à l'axe; cette ligne nous est donnée par l'intersection de la face (T, T') et du plan en question, et nous avons immédiatement l'idée de sa position connaissant les positions des deux surfaces auxquelles elle appartient. Nous savons que sa projection sur le plan Q ne peut pas être autre que la verticale $g'\,h_0$. Que son autre projection sur le plan P se trouve sur la trace $h_0\,g$ à partir du point h.....

132. Avec cette convention, qui consiste à considérer les lignes d'opération comme des intersections de surfaces, tous les points sur lesquels on opère sont des angles solides dont les projections sont déterminées par les projections des intersections des surfaces qui forment cet angle.

Ainsi la projection g d'un angle solide tombe sur les projections des intersections $k\,g\,a$, $h_0\,g$ et $g\,p_1$ des faces qui le forment. Et, de ce qu'il faut au moins trois faces pour former un angle solide, des trois intersections de ces faces, il y en a toujours au moins deux de projetées sur les plans de projection. L'objet de cette remarque est de faire comprendre au lecteur que les lettres qui marquent les points doivent être attribuées à l'intersection des lignes et non à des points isolés qui se trouvent quelquefois sur une ligne.

133. Après avoir traité dans toute son étendue au point de vue théorique le rabattement de la face plane d'une aile de cabriolet, nous allons montrer maintenant les conséquences que l'on en peut tirer, pour abréger dans la pratique.

Nous savons (**art. 120**) que les intersections de la face (T, T') et des plans verticaux (H, V), (H_1, V_1), (H_2, V_2)... sont des lignes parallèles. Toutes ces lignes ont leur pied sur le plan horizontal, en L, J, h, F, D et B. Si par tous ces points nous concevons des verticales, elles formeront avec les intersections en question des angles égaux, puisque leurs côtés proviennent de deux systèmes de lignes parallèles. Construisons l'un de ces angles sur le plan Q, celui qui a son sommet en B par exemple, nous allons voir tout le parti que l'on en peut tirer.

Considérant la droite $a'\ b_0$ comme la verticale du point B, si le plan de l'angle proposé tourne autour de cette verticale qui forme l'un de ses côtés, l'autre côté viendra s'appliquer sur le plan Q en $b_0\,3$, de telle façon que la distance $a'\ 3$, prise sur une horizontale à partir de a', soit égale à B a.

L'angle $a'\ b_0\ 3$ ainsi déterminé nous dispense de toutes les projections du plan R, car les côtés de cet angle nous serviront à déterminer toutes les grandeurs dont nous avons besoin : 1° pour construire les projections horizontales de la face (T, T'); 2° pour rabattre cette face sur le plan P.

Pour justifier cette proposition il nous suffira de construire un point dans chaque cas, la marche à suivre étant la même pour les autres.

Ainsi, pour construire la projection horizontale du point (e, e'), par exemple, on mènera dans le plan Q, par la projection e', une horizontale $e'\ e_{11}$ qui coupera les deux côtés de l'angle $a'\ b_0\ 3$ en f et e_{11}. La distance $f\,e_{11}$ est celle qu'il faut porter de F en e pour construire la projection horizontale du point (e, e'), et la distance $b_0\,e_{11}$ est celle qu'il faut porter de F en E pour construire ce dernier point sur la face rabattue. En effet l'on peut considérer les côtés $f\,b_0$ et $e_{11}\ b_0$ de l'angle $f\ b_0\,e_{11}$ comme provenant, le premier, de la verticale du point F et le second de l'intersection de la face (T, T') et du plan (H_3, V_3).

Cet exemple nous montre qu'en employant un système de plans (H, V), (H_1, V_1), (H_2, V_2)... pour déterminer sur le rabattement autant de points que l'on voudra de la face proposée, il n'est point nécessaire de construire sur deux plans de projection les projections de tous les points que l'on considère. En effet les droites AB, CD, EF, Gh... étant parallèles comme provenant de l'intersection d'une face plane par des plans parallèles, lorsque l'une d'elles, AB par exemple, est donnée sur le rabattement, les autres sont déterminées de position par un seul point D, F, h... par où elles passent, et leur projection horizontale c, e, g... devient inutile. On mène par D, F, h... des parallèles indéfinies DC, FE, Gh... à AB, et l'on détermine la longueur de ces lignes à l'aide des projections verticales c', e', g'... et du triangle $a'\ b_0\ 3$ comme nous avons fait pour (e, e') en portant $b_0\,e_{11}$ de F en E.

134. Lorsque, comme dans l'exemple ci-dessus, l'obliquité LB et le devers $a_2\ b_2$, ou l'une et l'autre considérés séparément, forment avec la ligne XY et la verticale $b_2\ x$, des angles très-prononcés, la différence de grandeur entre le périmètre de la projection T' et de la face rabattue T''' est telle que le calibre qui a servi pour tracer la courbe de l'un ne peut servir pour la courbe de l'autre. Dans ce cas, pour obtenir la deuxième courbe dans sa forme intégrale, il faut procéder comme nous avons fait ici : construire sur le rabattement, entre les extrémités de la courbe, divers points intermédiaires C, E, G, I. On exécute ensuite un calibre passant par tous ces points pour tracer la pièce de bois.

Cette remarque ne s'applique pas seulement à la courbe de l'aile en question, mais à toutes les courbes qui se trouvent dans le même cas.

Lorsque, au contraire, la différence de formes entre la courbe projetée et la courbe rabattue n'est pas très-sensible, et c'est ce qui arrive le plus souvent, le même calibre sert aux deux opérations. Dans ce cas il suffit de construire les deux extrémités A et K de la courbe. Les points intermédiaires et les lignes qui ont servi à les déterminer deviennent inutiles. Mais, à moins que la face considérée soit parallèle ou presque parallèle à un plan de projection, il faut toujours déterminer toutes les lignes de construction telles que $h\,p''$, O p'', $m\,n$ et LK : sans quoi il serait inutile de construire la face dans sa grandeur.

RABATTEMENT DES FACES PLANES D'UN PETIT BRANCARD DE LANDAU.

135. On nomme petits brancards les bâtis placés en avant et en arrière chaque côté de la porte, à la partie inférieure d'une caisse. Celui que nous considérons, et qui est projeté en T' sur le plan Q (*fig.* 64), est placé à l'arrière d'une caisse de landau.

Pour tracer sur ces brancards toutes les lignes de construction qu'ils comportent, on y forme ordinairement deux faces planes : l'une en dedans de la caisse et l'autre en dessus.

Les trois plans de projection sont à la place qu'ils occupent ordinairement. Le premier P, sous la caisse, est élevé jusqu'à la partie inférieure du petit brancard ; le deuxième dans l'axe au milieu, et le troisième à droite coupant les deux autres suivant YY_0 et $Y'Y$.

136. Ayant exécuté les projections verticales comme il est dit (**art. 62**), on détermine d'abord les projections de l'arête commune aux deux faces, et ensuite la trace de la face du dedans sur le plan horizontal.

Pour faciliter ces opérations on suppose le petit brancard prolongé de façon que sa face du dedans ait pour projection sur le plan Q, le périmètre $a'\ b'\ d'\ c'$; il est ainsi limité à chaque bout par les plans verticaux (H, V), (H_1, V_1) perpendiculaires au plan Q, et à sa partie inférieure par le plan P. On retranche ensuite sur la face rabattue toute la partie ajoutée.

137. Le plan (H, V) coupe le côté de la caisse suivant une section que nous représentons teintée en S, sur le plan

R, d'après la forme et les dimensions qui lui sont supposées. Dans cette section, la courbe Z est l'intersection de la surface extérieure de la caisse, abstraction faite du ravalement du panneau. L'intersection de la face en dedans du petit brancard a lieu suivant $y c_1$.

Supposons maintenant que, après avoir déterminé les dimensions de la caisse, sa surface extérieure coupe la face du dessus du petit brancard suivant une courbe qui se projette en $e f$ sur le plan P. On portera à partir des points e et f les dimensions en largeur de cette face. Soient $e a$ et $f b$ ces dimensions : la première est déjà donnée par la distance $a_2 e_2$ du plan R. Joignant a et b la face du dessus sera déterminée par ses deux projections $a b f e$ sur le plan P et $a' b'$ sur le plan Q. Reste à déterminer celle du dedans.

138. Nous connaissons déjà la position de l'une de ses droites $(a b, a' b')$, qui forme l'intersection commune ou arête des deux faces; si nous connaissions sa trace sur le plan horizontal, la face en question serait déterminée. Supposons le problème résolu, et soit C D cette trace; il nous restera à démontrer quelles sont les distances respectives de a en C et de b en D.

Le plan (H, V) coupe la face en question suivant une droite projetée en $y c_1$ sur le plan R; a_2 est sur ce plan la projection de (a, a'). Si par le point c_1 on mène une verticale $c_1 x$, sa distance 1 a_2 de a_2, mesurée suivant la ligne de projection, est celle qu'il faut porter de a en C sur le plan P. Le point D s'obtient de la même manière. Le plan (H_1, V_1) coupe la face en question suivant une droite projetée en $b_2 d_1$ sur le plan R ; b_2 est sur ce plan la projection de (b, b') que l'on obtient en portant $d' b$ de b'' en b_2. Si par le point d_1 on mène une verticale d_1 2, sa distance 2 b_2 de b_2, mesurée suivant la ligne de projection, est celle qu'il faut porter de b en D sur le plan P.

139. Nous rappelons ici ce que nous avons dit (**art. 133**) : Lorsque tous les points que l'on considère sur une face plane sont reliés à la trace, qui doit servir d'axe pour le rabattement, par un système de lignes parallèles qui toutes forment des angles égaux avec le plan P, et par suite avec les verticales partant de leur pied dans ce plan, un seul angle, formé par l'une de ces droites et par la verticale partant de son pied, suffit pour déterminer toutes les dimensions, soit pour construire sur le plan horizontal les projections des points considérés, soit pour construire les mêmes points sur la face rabattue.

Ainsi les intersections de la face (T, T') et des plans (H, V) et (H_1, V_1) étant parallèles au plan R, sont projetées dans leur grandeur suivant $y c_1$ et $b_2 d_1$ sur ce plan, et comme ces lignes sont parallèles, les angles qu'elles forment avec les verticales partant de leur pied c_1 et d_1 sont des angles égaux. Or la distance 2 b_2 que nous avons prise sur l'un pouvait être prise sur l'autre suivant la même ligne horizontale de 3 en b_3.

140. Connaissant les positions des deux faces par leurs projections, nous allons maintenant rabattre celle (T, T') sur le plan horizontal en la faisant tourner autour de sa trace C D sur ce plan.

Les lignes que nous considérons d'abord sont celles qui forment son périmètre. Outre les points C et D qui sont sur l'axe, ces lignes sont marquées des points (a, a') et (b, b').

Par les projections horizontales a et b de ces points on mène des perpendiculaires a A et b B à l'axe C D. Puis, pour déterminer la position des points A et B sur ces lignes, on porte respectivement les distances $c_1 a_2$ de C en A; $d_1 b_2$ ou $c_1 b_3$ de D en B (**art. 125** et **133**). Les droites A B, A C, B D qui joignent ces points, et la trace C D, forment le périmètre A B C D qui exprime dans sa grandeur la face $(a b$ D C, $a' b' d' c')$ considérée dans son prolongement.

On terminera les opérations relatives à cette face en construisant sa courbe C $g h$ et les intersections des assemblages. On procédera pour ces opérations comme nous avons fait pour les points A et B; la marche à suivre est la même. Les points qu'il faut construire sont d'ailleurs indiqués par des lignes d'opération qui servent à les déterminer. On transporte ensuite le résultat de l'opération sur la face plane du bâti en procédant comme il dit (**art. 109**).

141. Lorsque toutes les intersections des faces planes des bâtis qui s'assemblent avec le petit brancard sont relevées sur la face du dedans et, par suite, sur l'arête $(a b, a' b')$ commune aux deux faces, on trace sur la face du dessus les intersections des mêmes faces en passant par les points déjà déterminés sur l'arête commune. Reste donc à trouver, pour cela, l'angle que ces lignes forment dans la face du dessus avec l'arête $(a b, a' b')$.

Toutes ces lignes sont des horizontales parallèles entre elles et perpendiculaires au plan Q, puisqu'elles sont les intersections de faces planes perpendiculaires au même plan. On aura l'angle qu'elles forment avec l'arête $(a b, a' b')$ en amenant la face (U, $a' b'$) dans une position horizontale, et en construisant ensuite sur le plan P la nouvelle projection de l'arête.

La face (U, $a' b'$) étant perpendiculaire au plan Q, il suffit, pour l'amener dans une position horizontale, de lui faire exécuter un mouvement de rotation autour d'un axe horizontal pris sur cette face; celui du point a', par exemple. Cet axe n'est autre que l'intersection de la face en question et du plan (H, V). Il est projeté dans sa grandeur suivant $c' e$ sur le plan P et $a'' e_2$ sur le plan R. En tournant autour de l'axe du point a', la droite $(a b, a' b')$ ayant l'un de ses points (a, a') sur l'axe, la projection de ce point sur le plan horizontal sera toujours la même; il suffit donc, lorsque la face (U, $a' b'$) sera parallèle au plan P, de construire la projection horizontale d'un autre point (b, b') de cette droite pour déterminer sa nouvelle projection sur ce plan. L'arc de cercle que décrit le point (b, b') a pour rayon la perpendiculaire $(b\,i,\ b'\,a')$ abaissée de ce point sur l'axe, et comme la projection horizontale de cette droite est parallèle au plan Q, la longueur du rayon est égale à la droite $a'\,b'$ sur ce plan. Portant cette longueur sur $i\,b$ de i en b'', ce dernier point est, sur le plan horizontal, la projection de (b, b') lorsque la face du dessus du petit brancard est horizontale et qu'elle se projette suivant l'horizontale $a'\,b_0$ dans le plan Q. Joignant a et b'' la droite $a\,b''$ est la nouvelle projection de l'arête, et l'angle $b''\,a\,e$ est l'angle demandé.

La courbe projetée en $e\,f$ est l'intersection de la face $(U, a'\,b')$ et de la surface extérieure de la caisse. La méthode avec laquelle on détermine les points de cette courbe sera exposée dans la seconde partie.

OPÉRATIONS SUR LES TRAVERSES

POUR DÉTERMINER LEUR LONGUEUR ET LES ARÊTES D'ARASEMENT.

142. On désigne généralement sous le nom de traverses, dans la menuiserie en voitures, tous les bâtis sans exception qui servent à assembler les deux côtés des caisses. Or, comme ces côtés sont semblables par symétrie, il s'ensuit que les traverses ne penchent pas plus d'un bout que de l'autre. Donc lorsqu'elles sont formées de faces planes, toutes ces faces, ainsi que leurs arêtes, sont perpendiculaires au plan vertical.

Suivant la position des bâtis avec lesquels les traverses s'assemblent, les longueurs des arêtes (1) des faces de celles-ci, présentent trois cas. Elles peuvent être toutes les quatre : 1° d'égales longeurs, 2° d'inégales longueurs; 3° d'égales longueurs deux à deux. Nous traitons ici le cas le plus complexe ou toutes les arêtes sont d'inégales longueurs.

143. Soient j', k', l' et m' *(fig. 64)* les projections sur le plan vertical des quatre arêtes des faces planes de la traverse qui s'assemble avec les petits brancards, dont l'un est projeté en T' sur le même plan. Au lieu de projeter la traverse à sa place sur le plan horizontal, nous l'avons transportée à droite, en M, afin d'éviter la confusion des lignes. Elle y est figurée à plat de façon que sa face du dessous, projetée sur le plan Q suivant $j'\,m'$, soit représentée dans toute sa largeur en $j\,m_1\,o_1\,p$. La distance des deux arêtes $o_1\,m_1$ et $p\,j$ est ainsi égale à $j'\,m'$ du plan Q. Les quatre points j, k, l et m_1 sont aux angles solides déterminés par les faces de la traverse et l'épaulement du tenon ; ils correspondent aux mêmes arêtes projetées aux points marqués des mêmes lettres sur le plan Q. Le tenon N s'assemble en n dans le petit brancard du côté droit de la caisse. Enfin, pour montrer l'angle que forme l'arête d'arasement $j\,k$ avec l'arête $j\,p$ des faces M et O, on a fait tourner cette dernière autour de $j\,p$ pour la représenter dans toute sa largeur. La distance de ses deux arêtes $k_1\,v$ et $j\,p$ est ainsi égale à $k'\,j'$ du plan Q.

(1) Lorsque les arêtes sont courbes, il faut entendre par leur longueur, la distance des deux points de leurs extrémités mesurée en ligne droite.

144. Nous connaissons la position de la face (T, T') en dedans du petit brancard, laquelle est commune avec l'épaulement du tenon de la traverse. Or, comme les arêtes des faces de celle-ci sont horizontales, si nous avions les projections, sur le plan horizontal, des points où elles rencontrent la face (T, T'), leur demi-longueur serait déterminée sur le même plan par la distance de ces points à la ligne de terre, et il n'y aurait plus qu'à transporter ces résultats sur la traverse. On joindrait ensuite par des droites les extrémités deux à deux des arêtes des faces, les arasements du tenon se trouveraient ainsi déterminés. Mais cette manière de procéder donne rarement un résultat précis dans la pratique. En portant successivement sur la traverse les longueurs des quatre arêtes, il arrive souvent que l'une se trouve marquée un peu plus longue qu'elle ne doit être, une autre se trouve au contraire marquée un peu plus courte. Il en résulte que les arêtes d'arasement ne formant plus avec les autres les angles qui doivent exister, l'épaulement du tenon ne correspond plus à la face plane du bâti avec laquelle il doit coïncider.

145. La meilleure méthode, c'est-à-dire celle qui donne le plus de précision dans la pratique, consiste à déterminer d'abord la longueur de l'une quelconque des arêtes des faces ; ensuite les angles qu'elle fait avec les arêtes d'arasement. Nous allons donner un exemple en procédant comme suit :

Nous déterminons d'abord la longueur $o_1\,m_1$ de l'une des arêtes, puis l'angle qu'elle fait avec l'arête d'arasement $m_1\,j$, laquelle étant tracée donne la longueur de l'arête $p\,j$. Nous déterminons ensuite l'angle que celle-ci fait avec $j\,k_1$...

L'arête $o_1\,m_1$ étant horizontale se projette en demi-grandeur sur le plan P suivant $o_0\,m$. Or il s'agit de déterminer sur ce plan la projection m du point où elle rencontre la face (T, T'). Il y a deux moyens pour construire cette projection ; voici le premier :

Après avoir abaissé de m' une ligne de projection $m'\,m$, on remarque que cette ligne rencontre la trace C D en un point o qui se projette en o_0 sur le plan Q. Si par le point o on conçoit une verticale, cette verticale passera dans l'espace à une distance de (m, m') égale à $q\,r$ du plan R. Portant $q\,r$ de o en m, ce dernier point est la projection demandée.

147. L'autre moyen est plus élégant. Par la projection m' on mène à volonté une droite $s'\,t'$, que l'on considère comme la projection verticale d'une droite tracée dans la face (T, T'); la projection horizontale de cette droite est $s\,t$. En effet l'un de ses points (s, s') se trouve sur la trace $(C\,D,\ c'\,d')$ de la face (T, T'), et l'autre (t, t') sur le prolongement de ($a\,b$, $a'\,b'$) de la même face. Or, une droite ayant deux de ses points sur une face plane ou sur son prolongement, y est contenue tout entière. Mais le point (m, m') appartient aussi à la face (T, T'), et de plus il est un des points de la droite ($s\,t$, $s'\,t'$). Donc sa projection horizontale se trouve en m, intersection de la ligne de projection $m'\,m$ et de la droite $s\,t$. Portant $o_0\,m$ sur la traverse M, de o_1 en m_1 ce dernier point se trouvera sur l'arête d'arasement.

148. La droite $o_1\,m_1$ et l'arête d'arasement $m_1\,j$ sont dans la face du dessous de la traverse. La première est projetée en un point unique m' et la seconde en $i'\,m'$ sur le plan Q. Pour déterminer l'angle que forment ces deux droites il suffit d'amener la face de la traverse qui les contient dans une position horizontale en la faisant tourner, par exemple, autour de l'axe horizontal du point m', qui n'est autre que l'arête $m_1\,o_1$ de la traverse. Lorsque la droite $j'\,m'$, considérée comme la projection verticale de l'arête d'arasement, serait horizontale dans le plan Q, on construirait sa projection correspondante dans le plan P. Alors l'angle qu'elle formerait sur ce plan avec la droite $o_0\,m$ serait l'angle demandé.

149. Mais en opérant sur des points aussi rapprochés que j' et m' on commet toujours de petites erreurs qu'il importe d'éviter ou d'amoindrir autant qu'il est possible dans la pratique. Au lieu donc de considérer l'arête d'arasement dans la longueur que lui donne sa projection $j'\,m'$, nous la prolongeons de part et d'autre pour la considérer dans la longueur que lui donne la projection $s'\,t'$, alors sa projection sur le plan horizontal est $s\,t$.

L'angle que la droite ($s\,t$, $s'\,t'$) forme avec l'arête ($m\,o_0$, m') de la traverse est le même que celui qu'elle forme avec toute autre droite ($t\,u$, t') parallèle à celle-ci. Faisant tourner le plan des droites ($s\,t$, $s'\,t'$) et ($t\,u$, t'), autour de celle ($t\,u$, t') prise pour axe de rotation, jusqu'à ce qu'il soit amené dans une position horizontale ($s_{11}\,t$, $s''\,t'$). Alors l'angle $s_{11}\,t\,u$ de la nouvelle projection horizontale est l'angle $j\,m_1\,o_1$ demandé.

150. La droite $p\,j$ et l'arête d'arasement $j\,k_1$ sont dans la face O de la traverse. La première de ces deux droites se projette sur le plan Q en un point unique j' et la seconde en $j'\,k'$. Pour construire, avec toute la précision possible, l'angle que forment ces deux droites, prolongeons, comme au numéro précédent, l'arête d'arasement de façon qu'elle ait pour projection verticale la droite $z'\,d'$, alors sa projection horizontale sera z D.

L'angle que la droite (z D, $z'\,d'$) forme avec l'arête de la traverse projetée en j' est le même que celui qu'elle forme avec toute autre droite D d', par exemple, parallèle à celle-ci. Faisant tourner le plan des droites (z D, $z'\,d'$) et D d' autour de celle D d', prise pour axe de rotation, jusqu'à ce qu'il soit amené dans le plan horizontal en (z_{11} D, $z''\,d'$). Alors l'angle z_{11} D d', rabattu sur le plan horizontal, est l'angle $k_1\,j\,p$ demandé.

151. Les deux angles que nous venons de déterminer pour les deux faces de la traverse projetées en $j'\,m'$ et $j'\,k'$ sont les mêmes pour les faces opposées dans le cas où celles-ci sont parallèles aux premières. Mais, s'il en était autrement; si, par exemple, les faces projetées en $k'\,l'$ et $l'\,m'$ n'étaient pas respectivement parallèles à celles qui sont projetées en $j'\,m'$ et $k'\,j'$, alors les angles ne seraient plus semblables sur les faces opposées. Dans ce cas particulier on remarquera que, quelles que soient les positions respectives des faces planes de la traverse, parallèles ou non, l'épaulement du tenon étant une face plane, est déterminé par la position de trois de ses points non en ligne droite (**art. 28**). Or nous avons la longueur des trois arêtes qui sont projetées en m', j' et k' et par suite les trois points $m_1\,j$ et k_1, en lesquels elles sont coupées par la face plane de l'épaulement du tenon. Il ne reste donc plus qu'à déterminer le point où cette face plane coupe la quatrième arête.

Pour mieux nous faire comprendre, supposons que les points en lesquels les quatre arêtes doivent être coupées par l'épaulement du tenon soient A, B, C et D et que les trois premiers soient déterminés. On placera la face qui contient les deux premières arêtes, sur un plan, de façon que les points A et B se trouvent sur une droite quelconque que nous nommons E F; puis par le point C, et sur la face opposée à celle qui se trouve sur le plan, on place l'arête d'une règle que l'on fait tourner autour de ce point jusqu'à ce qu'elle détermine un plan avec la droite E F, ou, en d'autres termes, jusqu'à ce qu'elle se *dégauchisse* avec cette droite. Dans cet état on trace une droite qui passe par le point C et qui détermine le point D sur la quatrième arête.

OBSERVATIONS GÉNÉRALES

SUR LES OPÉRATIONS AYANT POUR OBJET DE CONSTRUIRE UNE FACE PLANE DANS SA GRANDEUR.

152. De ce qui précède sur les constructions que nous avons faites pour déterminer la grandeur d'une face plane, on remarquera que l'opération faite par un rabattement est identique à celle faite par un mouvement de rotation lorsque l'axe est pris sur la face plane. Ainsi, au lieu de considérer la droite $e\,c'$, du plan P (*fig.* 64), comme la projection d'un axe horizontal du point a' perpendiculaire au plan Q, on pouvait supposer le plan horizontal élevé jusqu'à la hauteur de l'horizontale $d\,a''$. Alors la droite $e\,c'$ eût été la trace sur le plan horizontal de la face du dessus du petit brancard. Cette remarque s'applique à toutes les faces planes qui se trouvent dans le même cas. L'axe de rotation étant toujours parallèle au plan sur lequel on se propose de projeter une face plane dans sa grandeur, devient une trace si l'on transporte le plan de projection parallèlement à sa position jusqu'à ce qu'il contienne cet axe. Ainsi axe de rotation et trace sont identiques dans ces conditions. Il n'y a de différence entre ces deux termes que dans le cas particulier où un axe de rotation passe seulement par un seul point de la face que l'on considère; comme le premier mouvement de rotation indiqué (**art. 79**).

Au lieu de rapporter tous les points d'une face plane soit à l'une de ses traces sur l'un quelconque des plans de projection; soit à un axe pris sur cette face dans le cas où elle est perpendiculaire à l'un des plans de projection, on pourrait les rapporter à une droite prise sur cette face dans une position quelconque. Les projections de cette droite et de toutes les autres lignes que l'on considère fournissent les moyens de déterminer la grandeur de chacune et leurs positions respectives sur la face. Mais en procédant ainsi l'opération serait beaucoup plus longue.

Il faudrait d'abord déterminer : 1° la longueur de la droite à laquelle toutes les autres lignes seraient rapportées; 2° les angles qu'elle formerait avec toutes les autres droites d'opération; 3° les points dans lesquels elle serait coupée par ces dernières; 4° la grandeur particulière de chaque ligne et la grandeur des parties qui se trouveraient les unes au-dessous, les autres au-dessus de la droite servant à les rapporter.

Ces remarques nous montrent l'avantage qu'il y a de rapporter toutes les lignes d'une face plane à des droites convenablement choisies et de telle façon : 1° que leur longueur et leur position soient données sur un plan de projection; 2° que toutes les lignes que l'on considère sur une face plane soient placées d'un même côté par rapport à celle qui sert à les rapporter. Les traces et les axes que nous avons choisis réunissent ces conditions.

Nous avons dit plus haut (**art. 129**) que, dans bien des cas, le choix du plan de projection sur lequel on construit, dans sa grandeur, une face plane, peut être indifférent. Il appartient donc aux praticiens de choisir, sur les tables dont ils se servent, l'emplacement qui leur paraît le plus convenable pour exécuter ces opérations. Au lieu de construire la face (T, T') (*fig.* 63) dans sa grandeur sur le plan horizontal, M. Albert Dupont la construit sur le plan Q. Il commence par placer la trace L B de façon : 1° que le point B s'applique sur la droite $a' b_0$; 2° que le point L tombe sur la trace X Y à gauche de l_0 ; 3° enfin que la droite L B fasse avec $a' b_0$ l'angle qu'elle fait sur le plan P avec A B. Cette méthode a pour objet de placer le système de lignes A B, C D, E F..... dans une position perpendiculaire à l'un des côtés de la table afin qu'il soit facile de les tracer avec l'équerre.

CONSTRUCTION DES ANGLES DIÈDRES.

153. Nous savons (**art. 34**) : 1° que l'on nomme angle dièdre l'angle formé par la rencontre de deux plans ou deux surfaces planes; 2° que l'on mesure un angle dièdre par un angle rectiligne, formé de deux droites menées dans chaque plan par un point quelconque de l'arête et perpendiculairement à cette arête. Ainsi, pour mesurer la grandeur de l'angle dièdre de deux plans P et Q (*fig.* 65), on mène dans chaque plan, par un point quelconque A de l'arête X Y et perpendiculairement à cette arête, deux droites A B et A C; l'angle rectiligne B A C qu'elles forment mesure la grandeur de l'angle dièdre des deux plans.

154. Les droites A B et A C étant perpendiculaires à X Y déterminent un troisième plan R perpendiculaire aux deux premiers. On peut donc formuler ainsi la solution de l'angle dièdre : on coupe les deux plans ou les deux faces P et Q qui le forment, par un troisième plan R perpendiculaire à leur arête X Y, et l'on détermine l'angle que comprennent les traces A B et A C du troisième plan sur les deux premiers.

Tout plan parallèle au plan R couperait les plans P et Q suivant des droites qui comprendraient un angle égal à l'angle B A C. Or il est indifférent en quel point le plan R coupe l'arête des deux autres plans.

Nous formulons ici une solution sur une figure en perspective qui montre la position des faces et des droites mesurant l'angle dièdre. Mais la position des faces et de l'angle dièdre qu'elles forment sont rarement présentés dans cet état sur les plans géométraux, où les faces sont déterminées par leur trace sur un plan de projection et par les projections de leur arête commune sur deux plans.

Les angles dièdres que nous aurons à considérer dans la menuiserie en voitures sont généralement ceux qui sont formés par deux faces planes contiguës d'un bâti.

155. Lorsque deux faces planes sont perpendiculaires à un plan de projection, l'angle dièdre qu'elles forment est tout construit par leur trace sur ce plan (1). Toutes les faces planes des traverses qui assemblent les deux côtés d'une caisse sont dans ce cas. Ainsi les deux faces planes M et O de la traverse (*fig.* 64) étant perpendiculaires au plan Q, leur arête commune se projette sur ce plan en un point unique j'. L'angle dièdre $k' j' m'$ que forment ces faces est ainsi tout construit par leur trace $j' m'$ et $j' k'$ sur ce plan.

Dans tout autre cas lorsque les deux faces ou l'une d'elles sont obliques aux plans de projection, il faut une opération particulière pour construire l'angle dièdre qu'elles forment.

Nous faisons usage ici de trois *méthodes* pour la solution des angles dièdres : 1° sur les deux faces rabattues; 2° sur les deux faces projetées; 3° sur une face rabattue et l'autre projetée. Nous commençons par la première méthode, qui consiste à déterminer l'angle dièdre sur les faces rabattues.

156. Première méthode : *Angle dièdre de deux faces contiguës d'un pied de tréteau.* — Deux faces (T, T') et

(1) On reconnaît que deux faces planes sont perpendiculaires à un plan de projection, lorsque la trace de chaque face étant donnée sur ce plan, la projection de leur arête s'y réduit en un seul point.

(U, U_1) d'un pied de tréteau (*fig.* 66) étant données par leurs traces x Y et Y y sur le plan horizontal P, et par les projections Y m et Y' m' de leur arête commune sur les plans P et Q, construire l'angle dièdre qu'elles forment.

Les deux faces proposées sont déjà rabattues sur le plan P en T'' et U_2 (**art. 89** à **93**). L'arête commune (Y m, Y' m') vient se placer en Y M' pour la première face et en Y M_1 pour la seconde. Prenons sur ces droites deux points quelconque A et A_1 également éloignés de Y : ces deux points appartiendront à un même point de l'arête. Traçons par A et A_1 les droites A B et A_1 C respectivement perpendiculaires à Y M' et Y M_1, et prolongeons ces lignes jusqu'à leur rencontre en B et C avec les traces Y x et Y y ou leur prolongement Y X et Y Z.

Si nous relevons maintenant les deux faces rabattues T'' et U_2 en les faisant tourner autour de leur trace sur le plan horizontal, les points A et A_1 décriront, dans l'espace, des arcs de cercle qui se projetteront, sur le plan P, suivant les droites A a et A_1 a respectivement perpendiculaires aux axes de rotation X Y et Y Z. Le point de rencontre a de ces droites est la projection, sur le plan P, des points A et A_1 lorsque les droites Y M' et Y M_1 se confondent en une seule droite qui se projette sur Y m. Alors les deux faces sont parvenues à leur position définitive, et l'angle dièdre qu'elles forment est reconstruit dans l'espace. Les deux droites B A et C A_1, qui se projettent maintenant suivant B a et C a, forment entre elles un angle rectiligne qui mesure l'angle dièdre proposé. Il ne reste donc plus qu'à rabattre le plan de cet angle sur le plan horizontal.

Or nous connaissons les longueurs B A et C A_1 de ses côtés qui, de plus, ont des traces B et C sur le plan horizontal. De ces points comme centres avec B A et C A_1 pour rayons respectifs, on décrit deux arcs de cercle qui se coupent en a'. Joignant ensuite par des droites B, a' et C, l'angle B a' C qu'elles forment est l'angle dièdre demandé.

157. Pour construire de cette manière l'angle dièdre de deux faces il n'est point nécessaire qu'elles soient rabattues sur le plan horizontal : leur rabattement sur les plans Q et R suffisent. En effet, si nous portons sur Y' M'' et Y_0 M_2 la distance Y A, de Y' en A' et de Y_0 en A_2, les droites A' B' et A_2 C_1, menées par ces points perpendiculairement à Y' M'' et Y_0 M_2, seront respectivement identiques aux droites A B et A_1 C. Il en sera de même des longueurs Y' B' et Y_0 C_1 prises sur les traces, qui seront égales à Y B et Y C. Maintenant, pour construire l'angle dièdre de cette manière, on porte, sur les traces du plan P, les distances Y' B' de Y en B et Y_0 C_1 de Y en C. Puis des points B et C comme centres avec B' A' et C_1 A_2 pour rayons respectifs, on décrit deux arcs de cercle qui se couperont en a' comme à l'article précédent.

158. Dans le cas particulier ou, comme ici, les traces X Y et Y Z des faces, forment un angle droit sur le plan P, on peut se dispenser de ce plan lorsque les faces sont rabattues sur les deux autres. On porte, sur une droite quelconque Y' Y'' formant un angle droit avec X' Y', la distance Y_0 C_1 de Y' en C'. Puis des points B' et C' comme centres avec B' A' et C_1 A_2 pour rayons respectifs, on décrit deux arcs de cercle qui se coupent en a''. Joignant par des droites B', a'' et C' l'angle B' a'' C' qu'elles forment est identique à l'angle B a' C.

La méthode que nous venons d'exposer pour construire l'angle dièdre et qui consiste à déterminer la longueur des côtés sur les faces rabattues, est la plus simple que l'on puisse employer pour la menuiserie en voitures ; par la raison que le rabattement des faces sert en même temps aux opérations qui leur sont particulières, ainsi que nous les avons traitées (**art. 89** à **152**). Nous allons répéter sur divers bâtis de caisse les opérations que nous venons de résoudre sur un pied de tréteau. On verra que, sauf le cas prévu (**art. 163**), la méthode exposée aux articles 156, 157 et 158 est toujours applicable à la solution d'un angle dièdre.

159. Il importe de remarquer que la grandeur d'un angle dièdre, comme celle d'un angle rectiligne, ne dépend point de la grandeur des faces qui le forment, mais de leurs positions relatives. Il n'est donc point nécessaire de s'occuper ici du périmètre des faces comme nous l'avons fait (**art. 89** à **152**), où il s'agissait d'en déterminer la grandeur particulière. Il suffit de connaître leur trace sur un plan de projection et les projections de leur arête commune sur deux plans. Ce sont ces quatre lignes qui constituent seules les éléments nécessaires à la détermination de l'angle dièdre.

Puisque la grandeur d'un angle dièdre ne dépend point de la grandeur de ses faces, on peut donc supposer que celles-ci s'étendent indéfiniment dans tous les sens ; et, dans cette hypothèse, on prolonge au besoin leurs traces et leur arête commune autant que le permet le cadre de l'épure. Cette manière de considérer les faces d'un angle dièdre nous fournira de précieuses ressources pour la construction de cet angle.

Nous les avons déjà considérées ainsi à l'article 156 : les points B et C tombent sur le prolongement des traces Y x et Y y. Il nous était possible de les faire tomber sur les traces mêmes, en prenant les points A et A_1 plus rapprochés de Y ; mais alors les trois points B, a' et C, par où passent les côtés de l'angle dièdre, auraient été tellement rapprochés qu'il n'eût guère été possible de rabattre cet angle sans commettre d'erreur. Toutes les personnes exercées dans l'art du dessin ou habituées par un travail manuel à des opérations graphiques comprendront l'importance de cette remarque au point de vue de l'exécution pratique, où l'on cherche toujours à opérer sur de grandes lignes afin d'obtenir toute la précision possible.

Nous allons maintenant déterminer la grandeur d'un angle dièdre sans rabattre les faces qui le constituent. Mais l'évidence de l'opération ne pouvant être justifiée que par les propriétés projectives d'un plan perpendiculaire à une droite et réciproquement, nous allons d'abord, comme préliminaires, démontrer la proposition suivante :

160. *Un plan perpendiculaire à une droite a ses traces sur les plans de projection, perpendiculaires aux projections de la droite et réciproquement.*

Soient *(fig. 68)* P un plan de projection, et R un plan perpendiculaire à une droite M' Y ayant l'un de ses points Y sur le plan de projection. Abaissons de M' une perpendiculaire M' *m* sur le plan P; le point *m* sera, sur ce plan, la projection de M', et par suite, *m* Y, la projection de M' Y. Le plan S, que détermine la droite M' Y et la projetante M' *m*, passant par deux droites respectivement perpendiculaires à chacun des plans R et P, est perpendiculaire à ces deux plans et, par suite, à leur intersection commune B C (**art. 30**). Le plan S coupe B C en un point D. Mais toute droite D Y, menée par D dans le plan S, est perpendiculaire à B C (**art. 26**). Donc la trace B C du plan R est perpendiculaire à la projection *m* Y, et réciproquement.

161. *Mener un plan perpendiculaire à une droite et déterminer le point en lequel le plan coupe la droite.*

Soit *m* Y *(fig. 68)* la projection de la droite sur un plan P que nous supposons horizontal. La droite proposée ayant l'une de ses extrémités Y sur ce plan, sa position dans l'espace est déterminée par l'élévation M' *m* de son autre extrémité, au-dessus du plan P. Menons à volonté une droite B C perpendiculaire à *m* Y, et qui coupe celle-ci en un point D. Considérons cette droite comme la trace horizontale d'un plan R perpendiculaire à M' Y. Si l'on connaissait le point A' où ce plan coupe la droite, le problème serait résolu.

Pour trouver ce point on conçoit par la projection *m* Y un plan vertical S et, dans ce plan, l'angle M' Y *m* que la droite fait avec sa projection. On construit cet angle dans sa grandeur, rabattu sur le plan P, en menant à la projection *m* Y une perpendiculaire *m* M égale à la verticale *m* M'. La droite qui joint les points M et Y donne la véritable longueur de la droite en perspective marquée des points M' et Y. Menant ensuite par D une perpendiculaire D A à M Y, le point A est celui en lequel le plan R coupe la droite. En effet, de ce que, d'après l'énoncé du problème, le plan R et la droite M' Y sont perpendiculaires, il s'ensuit que toutes les droites menées dans ce plan par la trace A de la droite M Y sont perpendiculaires à cette droite. Or A D en est une.

Ici les plans R et S et la droite M' Y ont été mis en perspective pour faire comprendre l'opération. Dans cet état les constructions ne sont point exactes : la droite M' Y est plus longue que sa véritable grandeur, qui est M Y, et la droite A' D ne forme point un angle droit avec A' Y. Il faut donc s'en rapporter à l'opération qui fixe la grandeur de la droite, et la position du plan R par sa trace B C sur le plan P et l'angle Y D A qu'il fait avec ce plan. Pour se figurer dans l'espace l'état réel de la droite et du plan R, il faut concevoir que le plan P étant horizontal, le plan du triangle Y *m* M tourne autour de Y *m* jusqu'à ce qu'il soit dans une position verticale, et que, dans cet état, il se trouve coupé suivant A D par le plan R.

162. Deuxième méthode : *Détermination de l'angle dièdre sans rabattre les faces.*

Solution. On coupe les deux faces par un plan perpendiculaire à l'arête, et l'on détermine l'angle compris par les droites intersections de ce plan et des deux faces.

Nous considérons les mêmes faces (T, T') et (U, U_1) *(fig. 66)* dont nous avons déterminé l'angle dièdre par la première méthode (**art. 156**). Ces faces sont données par leur trace Y *x* et Y *y* sur le plan P, et par les projections Y *m* et Y' *m'* de leur arête commune sur les deux plans P et Q. Nous construisons l'angle dièdre sur le plan P. La position des faces est telle que les traces du plan coupant, sur ces faces et sur le plan horizontal, forment un triangle dont le côté horizontal est opposé à l'angle dièdre. De plus le plan coupant étant perpendiculaire à l'arête (Y *m*, Y' *m'*), sa trace sur le plan horizontal sera perpendiculaire à la projection Y *m*.

Par un point quelconque D de Y *m*, menons à volonté une perpendiculaire B C à cette droite, et considérons B C comme la trace horizontale d'un plan perpendiculaire à l'arête (Y *m*, Y' *m'*). Si l'on connaissait le point où ce plan coupe l'arête, on le joindrait par deux droites avec les points D et C, intersections de la droite B C du plan coupant et des traces X Y et Y Z des faces : l'angle de ces deux droites serait l'angle demandé.

Pour trouver ce point, qui est au sommet de l'angle dièdre, on conçoit par la droite Y *m* un plan vertical, et dans ce plan l'angle que l'arête fait avec sa projection horizontale. On construit cet angle dans sa grandeur rabattu sur le plan horizontal, en élevant à la projection Y *m* une perpendiculaire *m* M égale à la verticale *m' e*. La droite qui joint les points Y et M est l'arête dans sa longueur. Menant ensuite par D une perpendiculaire D A'' à M Y, le point A'' sera sur l'arête, le sommet de l'angle demandé.

Le plan de l'angle dièdre est maintenant déterminé par les deux droites B C et D A'' ; situées l'une sur le plan horizontal et l'autre dans le plan vertical mené par Y *m*. Faisant tourner le plan de cet angle autour de sa trace B C, le point A'' viendra se placer, sur le plan horizontal et sur la droite Y *m*, en *a'* à une distance de D égale à D A''. Menant les droites B *a'* et C *a'* l'angle B *a'* C qu'elles forment est l'angle dièdre demandé.

Le plan vertical élevé par Y *m* étant perpendiculaire à B C, toutes les droites que l'on peut mener dans ce plan par le point D sont perpendiculaires à B C. Or, la droite D A'' en est une ; c'est pourquoi, lorsque le plan du triangle est abattu sur le plan horizontal, elle vient se placer sur Y m.

Cette deuxième méthode, pour construire l'angle dièdre, servirait au besoin de justification à la première; elle prouve que la droite qui joint les points B et C doit être perpendiculaire à Y m, et que le sommet a' de l'angle dièdre doit s'appliquer sur la projection de l'arête.

163. *Remarque.* — Les deux méthodes dont nous venons d'exposer les propriétés pour construire l'angle dièdre peuvent servir à la solution d'un grand nombre de cas analogues à celui que présente la *figure* 66, où l'arête forme, avec les traces des faces, des angles qui n'ont pas moins de 20 à 30 degrés. Mais, lorsque l'arête fait avec l'une des traces un angle très-aigu, au-dessous de 10 degrés par exemple, et avec l'autre trace un angle presque droit, il pourrait arriver que l'un des côtés a' C de l'angle dièdre eût 50 centimètres de longueur, tandis que l'autre côté a' B n'aurait que quelques millimètres. Alors les deux points a' et B seraient trop rapprochés pour qu'il fût possible de construire l'angle dièdre avec précision. Dans ce cas on fera usage de la troisième méthode exposée dans l'article suivant.

164. Troisième méthode : *Détermination de l'angle dièdre avec l'une des faces rabattue et l'autre projetée sur un plan de projection.*

Solution. Après avoir déterminé les positions respectives des faces par leur trace et les projections de leur arête commune, on rabat l'une d'elles sur un plan de projection, et l'on suppose que l'autre l'accompagne dans ce mouvement. Lorsque la première face est rabattue sur le plan de projection, on projette, sur le même plan, la seconde face qui, pour cela, doit avoir une largeur déterminée. Ensuite on mène un plan perpendiculaire au plan de projection et à l'arête des faces. Les traces de ce plan sur les deux faces déterminent l'angle demandé.

Soient T' et U_1 (*fig.* 67) les projections de deux faces d'un pied de phaéton, sur deux plans Q et R. Nous supposons, comme à l'article 98, que le plan Q a été avancé parallèlement à sa position, de façon que la face en dedans du pied, projetée en T' et m_1 Y_0, ait une trace X Y sur ce plan. Nous rabattons cette face sur le plan Q, en la faisant tourner autour de X Y, et nous supposons que la face projetée en U_1 et m Y l'accompagne dans ce mouvement. L'arête commune aux deux faces, lorsque la première est rabattue, vient se placer en Y M'. Or, pour avoir sur le même plan, après le rabattement, la projection de l'autre face dans une largeur déterminée, il suffit d'y projeter une droite qui fixe cette largeur.

Pour obtenir le plus de précision possible dans la construction de l'angle dièdre, donnons à la face projetée en U_1 et m Y une largeur très-grande, limitée par la projection f_1 g_1, par exemple, sur le plan R, et que, pour faciliter l'opération, on fait parallèle à m_1 Y_0.

Quand la face du dedans est rabattue sur le plan Q, elle se projette sur l'autre plan, suivant la verticale m' Y_0. Pour trouver où Y_0 g_1 et f_1 g_1 viennent se projeter, après le rabattement, sur le plan R, abaissons de g_1 une perpendiculaire g_1 h_1 sur m_1 Y_0; puis de Y_0 comme centre avec Y_0 h_1 pour rayon, décrivons l'arc h_1 h', ensuite par h', traçons l'horizontale h' g_2 jusqu'à la rencontre de l'arc g_1 g_2, décrit également de Y_0 comme centre. Menant par g_2 une parallèle g_2 f_2 à Y_0 m', et joignant par une droite Y_0 et g_2, on aura les nouvelles projections demandées.

Nous savons (**art. 98**) que les deux faces projetées en T' et U_1 ont sur le plan horizontal leur trace perpendiculaire l'une à l'autre. Or le plan horizontal étant représenté ici par la ligne de terre X Y_0, la trace Y_0 g_1 vient se projeter en un point unique Y sur cette ligne, et lorsque cette trace est en Y_0 g_2, sa projection sur le plan P est Y g perpendiculaire à X Y. La projection correspondante à $f_2 g_2$ est fg, menée par g, parallèlement à Y M'.

Nous avons maintenant la première face rabattue sur le plan Q, et déterminée sur ce plan par l'arête Y M', commune aux deux faces. La seconde face est projetée sur le même plan par la même arête, et la droite fg. Il ne reste plus qu'à déterminer l'angle dièdre qu'elles forment.

165. Perpendiculairement à l'arête Y M', et, par suite, à fg, menons à volonté une droite N O que nous considérons comme la trace d'un plan perpendiculaire au plan Q. Le plan mené suivant N O coupe les deux faces en deux traces qui comprennent l'angle dièdre demandé. La trace de ce plan sur la première face, est N i; l'autre trace se projette sur la première en $i\,k$; sa longueur est l'hypoténuse d'un triangle rectangle qui a pour côtés de l'angle droit sa projection $i\,k$ sur le plan Q, et la distance h' g_2 du point projeté en k à ce plan. Faisant tourner le plan de l'angle dièdre autour de sa trace N O, jusqu'à ce qu'il soit abattu sur le plan Q, le point projeté en k viendra se placer en K sur la droite fg, qui, comme nous savons, est perpendiculaire à N O, et à une distance de k, égale à h' g_2 ou h_1 g_1. La droite qui joint les points K et i est la trace sur la seconde face, et l'angle K i N qu'elle fait avec N i, est l'angle dièdre demandé.

166. Dans le but unique de parler à la vue, afin de rendre la démonstration plus compréhensible, nous avons supposé ici que la droite f_1 g_1 était, sur le plan R, la projection d'une face plane semblable et parallèle à celle que projette sur le même plan la droite m_1 Y_0. C'est dans cette hypothèse que nous avons fait ces deux droites égales et parallèles. Or, quand m_1 Y_0 est dans une position verticale m' Y_0, la face que projette cette ligne est rabattue sur le plan Q en Y M' $l\,s$ X, et la face que projette alors f_2 g_2 est projetée sur le même plan en $g\,f\,u\,v\,z$. Mais, rigoureusement, toutes ces projections ne sont pas nécessaires. Nous allons indiquer sommairement celles qui sont indispensables pour déterminer l'angle dièdre des deux faces proposées.

Les deux projections Y m et $Y_0 m_1$ de l'arête commune aux deux faces étant données sur les plans Q et R, par un point quelconque g_1, pris sur la trace de la face projetée en U_1, on mène une perpendiculaire $g_1 h_1$ à $Y_0 m_1$, et l'on regarde la longueur $g_1 h_1$ comme la distance de deux faces planes parallèles, dont l'une est projetée en $Y_0 m_1$, et dont l'autre est suffisamment déterminée par le point g_1, sans qu'il soit nécessaire de la projeter sur le plan R. Cherchons maintenant où, après le rabattement, viennent se placer, sur le plan Q, le point (m, m_1) et la projection correspondante à g_1.

Le premier vient se placer en M', sur une droite M' J menée par m, perpendiculairement à X Y, et à une distance de J égale à $Y_0 m_1$. Quant à la projection correspondante à g_1, remarquons : 1° que ce point se projette en Y sur le plan Q, et que sa projection, après le rabattement, viendra se placer sur un droite Y g perpendiculaire à X Y; 2° que la droite $g_1 h_1$ étant perpendiculaire à $Y_0 m_1$, lorsque celle-ci est verticale, ce qui a lieu quand la face qu'elle projette est rabattue, l'autre est horizontale et vient se placer en $h' g_2$. Or la distance de g_2 à la ligne de terre est déterminée par $Y_0 h_1$. Portant cette longueur de Y en g, ce dernier point est, sur le plan Q, la projection demandée. On trace ensuite l'arête Y M', et par g une parallèle indéfinie à cette droite, sans qu'il soit nécessaire de la limiter à un point quelconque f; puis on construit l'angle dièdre K i N, comme il est dit (**art. 165**).

On peut encore déterminer l'angle dièdre de deux faces par l'angle de deux droites abaissées d'un point quelconque de l'espace, perpendiculairement à chacune des faces. Alors l'angle des deux droites serait le supplément de l'angle dièdre. Mais cette méthode exige que chacune des faces soit donnée par deux traces sur deux plans de projection. Son application dans la menuiserie en voitures demanderait la considération de plans auxiliaires, qui rendraient les opérations plus complexes que celles des trois méthodes exposées plus haut, lesquelles, d'ailleurs, peuvent servir à résoudre tous les angles dièdres, quelle que soit la disposition des faces.

RÉSOLUTION DE QUELQUES PROBLÈMES SUR LES ANGLES DIÈDRES.

167. Après avoir démontré les procédés qui caractérisent chacune des trois méthodes exposées plus haut, nous allons en faire l'application à la solution de quelques problèmes qui nous montreront toutes les particularités qui peuvent se présenter en raison : 1° de la position des faces par rapport aux plans de projection; 2° de la méthode employée pour résoudre l'angle dièdre qu'elles constituent; 3° du plan de projection sur lequel on construit l'angle dièdre.

Construction de l'angle dièdre des deux faces d'un pied de phaéton par la première et par la deuxième méthode.

Soient T' et U_1 (*fig.* 62) les projections des deux faces sur les plans Q et R, projetées et rabattues comme il est dit (**art. 98** à **113**). La face projetée en T' a sa trace X Y sur la ligne de terre; la face projetée en U_1 a sa trace Y Z sur le plan P. Enfin l'arête commune est (Y m, Y m'). Sachant que les deux traces des faces sur le plan P sont à angle droit, on peut se dispenser de ce plan pour construire l'angle dièdre par la première méthode. Lorsque les faces sont rabattues ou projetées dans leur grandeur sur les plans Q et R, l'arête commune vient en Y M' pour la face projetée en T', et $Y_0 M_2$ pour l'autre. Prenons sur ces droites deux points quelconques A et A_2, également éloignés de Y et de Y_0 : ces deux points appartiennent à un même point de l'arête. Traçons par A et A_2 les droites A B et $A_2 C_1$ respectivement perpendiculaires à Y M' et $Y_0 M_2$, et prolongeons ces lignes jusqu'à leur rencontre en B et C_1 avec les traces. Portons $Y_0 C_1$ de Y en C' sur la droite Y Y'' qui forme avec X Y un angle égal à l'angle X Y Z des traces. Puis des points B et C' comme centres, avec B A et $C_1 A_2$ pour rayons respectifs, on décrit deux arcs de cercle qui se coupent en a'. Menant par ce point les droites B O' et C' a', l'angle C' a' O' qu'elles forment est l'angle dièdre des deux faces projetées en T' et U_1.

Remarque. — Ce n'est point la partie A B de la droite A B qui forme l'un des côtés de l'angle dièdre, mais bien son prolongement A O. La partie de la droite qui se trouve sur la face même, comme A O, est toujours celle qu'il faut considérer et non la partie qui se trouve sur son prolongement, car l'angle B a' C' qu'elle forme avec l'autre côté, est le supplément de l'angle dièdre.

La même construction est indiquée sur le plan horizontal avec la face projetée en U_1, rabattue sur ce plan en U. Les mêmes points ont été marqués des mêmes lettres, afin que la démonstration précédente soit applicable aux deux constructions.

On trouvera également la même construction appliquée aux deux faces d'une aile de cabriolet (*fig.* 70) dont les projections et les rabattements sont effectuéscomme à la figure 63.

168. *Solution, par la deuxième méthode, sur le plan horizontal.*

Nous considérons les mêmes faces d'un pied de phaéton qu'à l'article précédent (*fig.* 62), dont les traces sont X Y et Y Z sur le plan P, et les projections de leur arête Y m et Y m' sur deux plans P et Q. Par un point quelconque D de Y m on mène à volonté une perpendiculaire B C à cette droite, et l'on considère B C comme la trace horizontale d'un plan perpendiculaire à l'arête (Y m, Y m'). Pour trouver le point où ce plan coupe l'arête, on conçoit par Y *m* un plan vertical, et dans ce plan l'angle que l'arête fait avec sa projection horizontale. On construit cet angle dans sa grandeur, en élevant à la projection Y*m*, une perpendiculaire *m*M égale à la verticale *m' e*. La droite qui joint les points Y et M est l'arête dans sa longueur. Menant ensuite par D une perpendiculaire D A'' à M Y, le point A'' sera, sur l'arête, le sommet de l'angle demandé.

Le plan de l'angle dièdre est maintenant déterminé par les deux droites B C et D A'' situées, l'une sur le plan horizontal, l'autre dans le plan vertical mené par Y *m*. Faisant tourner le plan de cet angle autour de sa trace B C, le point A'' viendra se placer, sur le plan horizontal et sur la droite Y *m*, en *a*, à une distance de D égale à D A''. Menant les droites B *a* et C *a*, l'angle B *a* C qu'elles forment est l'angle supplémentaire de l'angle dièdre. On aura cet angle en O'' *a* C, formé par la droite *a* C et le prolongement de B *a*.

C'est avec intention que nous avons projeté ici en T, sur le plan P, la face du pied en dedans de la caisse, afin de montrer que c'est le prolongement de B *a* qui, se trouvant sur cette face, forme l'un des côtés de l'angle dièdre.

169. *Solution, par la deuxième méthode, sur le plan vertical.*

Soient (*fig.* 67) X Y et Y *m*, les deux traces des faces d'un pied de phaéton sur le plan Q ; Y *m* et $Y_0 m_1$, les projections de l'arête commune aux deux faces. La projection de l'arête et la trace de la face sur l'arrière du pied, considérée dans son prolongement, se confondent en une même droite Y *m*. Par un point quelconque D, de Y *m*, menons à volonté une perpendiculaire D B à cette droite, et considérons D B comme la trace, sur le plan Q, d'un plan perpendiculaire à l'arête (Y *m*, $Y_0 m_1$). Si l'on connaissait le point où ce plan coupe l'arête, on le joindrait par deux droites avec les points D et B, intersections de la droite D B du plan coupant et des traces X Y et Y *m* des faces. L'angle de ces deux droites serait opposé par le sommet à l'angle dièdre.

Pour trouver ce point, remarquons que la face projetée en U_1 sur le plan R est perpendiculaire au plan Q, et qu'elle se projette, sur ce plan, suivant sa trace Y *m*. L'angle que l'arête fait avec sa projection Y *m* se trouve donc dans le prolongement de cette face. On construit cet angle dans sa grandeur, rabattu sur le plan Q, en élevant à la projection Y *m* une perpendiculaire *m* M égale à l'horizontale $e m_1$. La droite qui joint les points Y et M est l'arête dans sa longueur. Menant ensuite par D une perpendiculaire D A à M Y, le point A sera, sur l'arête, le sommet de l'angle dièdre.

Le plan de l'angle dièdre est maintenant déterminé par les deux droites D B et D A situées, l'une sur le plan vertical et l'autre dans le prolongement de la face rabattue en U'. Faisant tourner le plan de cet angle autour de sa trace D B, le point A viendra se placer sur le plan Q et sur la droite Y *m* en *a*, à une distance de D égale à D A. La trace de la face projetée en T', considérée dans son prolongement, et du plan mené suivant B D est la droite actuellement rabattue en B E. En effet cette droite a deux points communs avec la face et le plan en question ; l'un en B, qui se trouve à l'intersection des deux traces de la face et du plan avec le plan Q ; l'autre en A situé au sommet de l'angle dièdre. La trace de la face rabattue en U', considérée dans son prolongement, et du plan mené suivant D B est la droite D *y* actuellement rabattue en D Y. Les deux droites B E et D *y* se coupent donc en A au sommet de l'angle dièdre. Chacune de leur partie *a* E et A *y* se trouvent l'une dans la face projetée en T' et l'autre dans celle rabattue en U' ; de plus elles sont perpendiculaires à l'arête Y M commune aux deux faces puisqu'elles sont dans ces faces, les traces d'un plan perpendiculaire à cette arête. Or l'angle E *a* Y qu'elles forment est l'angle dièdre demandé.

170. Solution de l'angle dièdre de deux faces planes d'un brancard, par la troisième méthode.

Premier cas où la face en dedans de la caisse est perpendiculaire au plan horizontal.

Soient P et Q (*fig.* 69) les deux plans de projection ; nous supposons que la face du brancard en dedans de la caisse, projeté en T, est verticale ; sa projection est *a b* sur le plan P. L'autre face est une plinthe perpendiculaire au plan Q ; elle se projette en *c b'* sur ce plan. Mais, pour obtenir plus de précision dans les constructions, nous prolongeons cette plinthe et nous la considérons dans la longueur de la projection *a' b'*. La droite (*a b*, *a' b'*) est ainsi l'arête commune aux deux faces. Nous donnons à la plinthe une grande largeur limitée par la projection *d e* parallèle à *a b*.

Maintenant que les deux faces sont données de position, amenons, par un mouvement de rotation autour d'un axe vertical du point *b* par exemple, celle du dedans parallèlement au plan Q. Les nouvelles projections de l'arête seront a_1 *b* et *a'' b'* ; la projection *e* viendra en e_1 et l'autre projection en *e'* sur une horizontale *e' b'*. Menant par *e'* une parallèle *d' e'* à *a'' b'*, cette droite donnera avec *a'' b'* la projection verticale de la plinthe considérée dans la largeur *e f* de sa projection horizontale.

Actuellement, supposons que le plan Q soit avancé parallèlement à sa position jusqu'à a_1 *b*. Dans cet état la face du dedans se trouve sur ce plan. Perpendiculairement à *a'' b'* et par suite à *d' e'* menons à volonté une droite M N que nous considérons comme la trace d'un plan perpendiculaire au plan Q. Le plan mené suivant M N coupe les deux faces en des traces qui comprennent l'angle dièdre demandé. La trace de ce plan sur la face du dedans est *i* N ; l'autre trace sur la plinthe se projette sur le plan Q en *i j* ; sa longueur est l'hypoténuse d'un triangle rectangle qui a pour côtés de l'angle droit sa projection *i j* sur le plan Q et la distance *f e*.

Faisant tourner le plan de l'angle dièdre autour de sa trace M N jusqu'à ce qu'il soit abattu sur le plan Q, le point projeté en j viendra se placer en J, sur la droite $d' e'$, à une distance de j égale à $f e$. La droite qui joint les points J et i est la trace sur la seconde face, et l'angle J i N qu'elle fait avec i N est l'angle dièdre demandé.

171. *Deuxième cas où la face en dedans de la caisse est oblique au plan horizontal.*

Soient P, Q et R (*fig.* 71) les trois plans de projection. Comme à l'article 136 nous prolongeons la face (T, T') de manière qu'elle ait pour projection sur le plan Q le périmètre $a' b'$ D' C', limité à chaque bout par les plans verticaux (H, V) et (H_1, V_1) perpendiculaires au plan Q, et à sa partie inférieure par le plan P. L'arête ($a b$, $a' b'$) commune aux deux faces et la trace C D de celle (T, T') sur le plan P sont obtenues comme il est dit (art. 137 et 138). On suppose le plan R élevé verticalement suivant C G du plan P. Dans cet état il coupe la face (T, T') suivant d''' C_1 et l'autre face suivant $d'' e'$.

Nous donnons au petit brancard une grande épaisseur limitée en dehors par une face plane parallèle à celle du dedans. Soit $e' G_1$ l'intersection de cette face par le plan R. Alors cette face aura pour projection sur le plan P le périmètre $e f h$ G égal et semblable au périmètre $a b$ D C, et dans lequel les droites $e f$ et G h sont respectivement parallèles à $a b$ et C D. On détermine les points G et e en portant C_1 G_1 de C en G et de a en e. Les parallèles à C D et $a b$ menées par G et e déterminent les autres points h et f.

On propose maintenant de rabattre la face (T, T') sur le plan horizontal en la faisant tourner autour de sa trace C D sur ce plan. On suppose qu'elle entraîne dans son mouvement la face du dessus et la face du dehors, et l'on demande les nouvelles projections de ces deux dernières sur le plan P après le rabattement.

Pour montrer la grandeur de l'arc de cercle que décrit chaque point dans son mouvement de rotation autour de C D, menons un plan vertical perpendiculairement à cette droite, et soit M N la trace de ce plan sur le plan P. On conçoit que ce plan vertical tourne autour de sa trace M N pour venir s'appliquer sur le plan P en S. C'est dans cet état que nous construisons, sur ce plan, les projections des points considérés.

L'axe C D et la droite G h étant perpendiculaires au plan S se projettent chacune en un point unique sur ce plan, en D_0 et h_0 sur leur prolongement. De toutes les autres projections a, b, e et f on mène des perpendiculaires $a a_1$, $b b_1$, $e e_1$ et $f f_1$ à M N, et l'on porte, sur ces droites, à partir de M N, l'élévation de chaque point au-dessus du plan P; soit C' a' de a_0 en a_1 et de e_0 en e_1; D' b' de b_0 en b_1 et de f_0 en f_1.

172. C'est uniquement dans le but de faire comprendre ces nouvelles projections que nous avons joint par des droites les points ainsi obtenus, et représenté une section du petit brancard qui est presque semblable à celle du plan R, avec cette différence que l'une est projetée sur un plan perpendiculaire à l'axe C D, tandis que l'autre est obtenue par un plan oblique à l'axe. Cherchons maintenant où viendront se placer, dans le plan S, après le rabattement, les projections que nous venons d'y construire. Abaissons de h_0 une perpendiculaire $h_0 i$ sur $D_0 b_1$, projection sur le plan S de la face (T, T'). Lorsque cette face sera appliquée sur le plan P, la droite $D_0 b_1$ viendra se placer sur la ligne de terre en $D_0 b_2$ et $h_0 i$ en $h_1 i_0$. En vertu du parallélisme des lignes le point h_1 sert avec $D_0 b_2$ à déterminer toutes les autres projections. On joint D_0 et h_1 et l'on mène par ce dernier point une parallèle $h_1 f_2$ à $D_0 b_2$; les parallèles à $D_0 h_1$ menées par a_2 et b_2, déterminent e_2 et f_2.

Par toutes les projections horizontales a, b, G, h, e et f, on mènera des perpendiculaires à l'axe C D, jusqu'à ce qu'elles rencontrent en a'', b'', g'', h'', e'' et f'', d'autres perpendiculaires à M N, abaissées des projections correspondantes aux mêmes points dans le plan S. Joignant tous ces points, on aura sur le plan P : 1° la face du dedans (T, T') rabattue dans le périmètre $a'' b''$ D C ; 2° la face du dehors projetée dans le périmètre $e'' f'' h'' g''$; 3° la face du dessus projetée dans le périmètre $a'' b'' f'' e''$; 4° enfin la face du côté de l'entrée de porte, projetée dans le périmètre a'' C $g'' e''$. Il nous reste maintenant à déterminer les angles dièdres que fait la première face avec les deux dernières.

Menons à volonté une droite $m n$ perpendiculaire à $a'' b''$ et par suite à $e'' f''$, et considérons $m n$ comme la trace d'un plan vertical; ce plan coupera la face rabattue et la face projetée dans le périmètre $a'' b'' f'' e''$, en deux traces qui mesurent leur angle dièdre. La trace du plan sur la première face est $n o$; l'autre trace se projette en $o p$, sa longueur est l'hypoténuse d'un triangle rectangle qui a pour côtés de l'angle droit sa projection $o p$ sur le plan P et la distance $h_1 i_0$ ou $h_0 i$ du point projeté en p à ce plan. Faisant tourner le plan de l'angle dièdre autour de sa trace $m n$ jusqu'à ce qu'il soit abattu sur le plan P, le point projeté en p viendra se placer en p' sur la droite $e'' f''$ et à une distance de p égale à $h_0 i$. La droite qui joint les points p' et o est la trace sur la seconde face, et l'angle $p' o n$ qu'elle fait avec $o n$ est l'angle dièdre demandé.

On construira de la même manière l'angle dièdre J k l de la face rabattue et de la face projetée en a'' C $g'' e''$, en faisant J j égal à $h_0 i$. Mais il n'est pas nécessaire de construire cet angle, parce qu'il se trouve tout déterminé par l'angle rectiligne $b'' a e$ que l'on trouve sur le rabattement de la face du dessus à la figure 64.

FIN DE LA PREMIÈRE PARTIE.

Paris. — Typographie Adolphe Lainé, rue des Saints-Pères, 19.

DÉFINITION

DE

QUELQUES TERMES TECHNIQUES EMPLOYÉS DANS CETTE PARTIE.

POUR CEUX QUI SONT DÉFINIS NOUS RENVOYONS AUX PAGES ET AUX ARTICLES
OU SE TROUVENT LEUR DÉFINITION.

Pag. Art.

Angle. On nomme *angle rectiligne* ou *angle plan*, l'angle formé par deux droites.

Angle aigu 6 13

— droit 6 12

— obtus 6 13

— complémentaires 6 14

— supplémentaires 6 14

— opposés par le sommet 6 15

— dièdre 9 34

Arête 9 34

Auxiliaire (voir *Plan*).

Axe. Une droite autour de laquelle tourne un système quelconque. Par extension, droite imaginaire passant dans le centre d'un objet. Nous supposons un axe, dans le sens longitudinal des caisses, pour faire concevoir la position d'un plan vertical qui coupe la caisse en deux parties égales. Dans cette hypothèse, les arêtes des faces planes de toutes les traverses qui assemblent les deux côtés des caisses sont coupées en leur milieu.

Bati. On donne le nom de bâti à un assemblage composé de montants et de traverses, destiné à recevoir un ou plusieurs panneaux. Nous donnons ici une extension à ce mot, en désignant sous le nom de bâti toute pièce de bois dont ces assemblages sont composés.

Centre 7 22

Cercle 7 22

Circonférence 7 22

Coordonnés (voir *Plan*).

Corde 7 22

Diamètre 7 22

Élévation : *longitudinale, latérale* 12 44

Face (Note) 10 40

Géométral 10 39

Graphique 11 44

Hypoténuse 7 18

Incliné. Tout plan, toute droite, toute surface plane qui n'est pas dans l'une des positions horizontales ou verticales.

Pag. Art.

Intersection. Le lieu dans lequel les lignes et les surfaces se coupent. Le lieu où une ligne perce un plan de projection est un point que l'on nomme *trace* de la ligne sur le plan. Le lieu où une surface plane rencontre un plan de projection est une droite que l'on nomme *trace* de la surface sur le plan.

Latéral 12 44

Ligne. On regarde une ligne comme la trajectoire d'un point, ou, en d'autres termes, un point mis en mouvement engendre une ligne. Si le point se meut sans changer de direction la ligne est droite, dans le cas contraire la ligne est courbe.

Ligne horizontale. Parallèle à l'horizon.

Ligne verticale. Parallèle à la direction d'un fil à plomb.

Ligne de construction. Intersections de surfaces des objets que l'on représente sur les plans de projection. On trace ces lignes et leurs projections sur les plans de projection, en traits pleins lorsqu'elles sont apparentes et par des traits à points ronds lorsqu'elles sont cachées.

Ligne d'opération. Toutes lignes autres que les lignes de construction. Les lignes d'opération servent : 1° à relier deux à deux les projections d'un même point; 2° à représenter sur un plan de projection les traces d'un plan imaginaire; 3° à représenter les arcs de cercle que décrivent les différents points d'un système en tournant autour d'un axe fixe.

Ligne de projection. Particulièrement, les lignes droites qui servent à relier deux à deux les projections d'un même point, ou le point avec l'une de ses projections. Ces lignes sont toujours perpendiculaires à l'intersection des deux plans de projection où se trouve le point ou ses projections.

Ligne de terre. Intersection d'un plan vertical quelconque de projection, avec le plan horizontal.

Normale 7 22

Oblique. Toute droite, tout plan ou toute surface plane, dont la position par rapport à une autre droite, un autre

TABLE DES MATIÈRES.

ERRATA.

Page 12, article 46, ligne 36, *au lieu de* : il faut supposer que des projetantes; *lisez* : il faut supposer que les projetantes.

Page 13, article 53, lignes 16 et 17, *au lieu de* : sa projection ab, $a'b'$ dans chacun des autres plans P et Q est une ligne droite; *lisez : ses projections ab et $a'b'$ dans chacun des autres plans P et Q sont des lignes droites.*

Page 15, article 60, ligne 26, *au lieu de* : (aa'); *lisez* : (a, a'). Ligne 32, *au lieu de* : $(aa'a_1)$; *lisez* : (a, a', a_1). Ligne 37 : ainsi $(a'a_1)$; *lisez* : ainsi (a', a_1).

Page 16, première colonne, ligne 23, *au lieu de* : de lc caisse; *lisez* : *de la caisse.*

TRAITÉ

DE

MENUISERIE EN VOITURES

PAR BRICE THOMAS

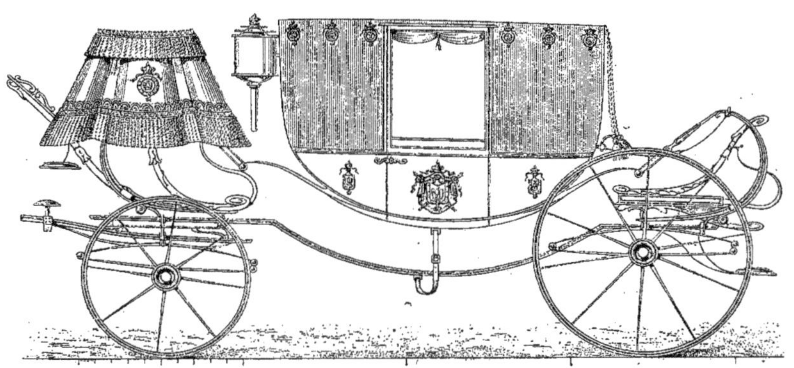

ATLAS DE QUATORZE PLANCHES

PREMIÈRE PARTIE

PARIS

CHEZ L'AUTEUR, 164, BOULEVARD HAUSSMANN

ET CHEZ TOUS LES LIBRAIRES DE LA FRANCE ET DE L'ÉTRANGER

1870

Paris. — Imprimerie A. Lainé, rue des Saints-Pères, 19

PUBLICATIONS SPÉCIALES POUR CARROSSERIE ET SELLERIE-HARNAIS

CHEZ BRICE THOMAS, 164, BOULEVARD HAUSSMANN, PARIS.

Publications périodiques.

JOURNAL

LE GUIDE DU CARROSSIER

TROIS MODES.

PREMIER MODE

GRAND ET DEMI-LUXE

comprenant par année :

1° Six livraisons de huit pages grand in-4° jésus paraissant les 15 février, avril, juin, août, octobre et décembre. Chaque livraison renferme quatre dessins de voitures insérés dans le texte avec les tableaux des dimensions des pièces principales qui rentrent dans la construction.

2° Trente-six dessins de voitures coloriés et tirés sur des feuilles séparées (1).

3° Trois planches d'épures, demi-jésus (2).

4° Douze planches d'armoiries et chiffres in-4° jésus, en couleur, renfermant 60 figures telles qu'elles doivent être exécutées sur les voitures.

5° Six échantillons de peintures.

6° Trois planches de sellerie-harnais en couleur.

Toutes ces matières sont traitées par des artistes qui ont travaillé longtemps ou travaillent encore dans l'industrie de la carrosserie. Le texte renferme des descriptions sur les modes nouvelles de Paris et de Londres et sur tous les faits de quelque valeur qui intéressent le fabricant ou le consommateur. Les articles, les méthodes, les planches d'épures, traitées par des professeurs qui depuis longtemps se sont livrés à l'enseignement, font en outre de cette publication une espèce de manuel où s'instruisent un grand nombre d'industriels de la carrosserie.

Prix de l'abonnement d'une année : France, 60 fr. — Europe, 65 fr. — Pays transatlantiques, 70 fr.

(1) Vingt-quatre de ces dessins sont semblables à ceux qui sont insérés dans le texte, les douze autres sont des dessins de voitures de grand luxe.

(2) Pendant que paraîtra le *Traité de menuiserie* il ne sera pas donné des planches d'épures sur feuilles séparées autres que celles faisant partie de ce traité.

DEUXIÈME MODE

DEMI-LUXE

comprenant par année :

1° Les six livraisons mentionnées dans le premier mode.

2° Les vingt-quatre dessins insérés dans le texte, tirés en couleur sur des feuilles séparées.

3° Les trois planches d'épures demi-jésus, du premier mode.

4° Deux ou trois échantillons de peintures.

5° Quelques planches comme échantillon soit d'armoiries ou de chiffres de sellerie-harnais ou autres.

Prix de l'abonnement d'une année : France, 24 fr. — Étranger, 30 fr.

TROISIÈME MODE

SIMPLE

comprenant par année :

Les six livraisons et les trois planches d'épures, demi-jésus, mentionnées dans le premier mode.

Prix de l'abonnement d'une année : France, 15 fr. — Étranger, 18 fr.

ABONNEMENT POUR LA PEINTURE

comprenant par année :

Les douze planches d'armoiries et chiffres, et les six échantillons de peintures mentionnés dans le premier mode du *Guide du Carrossier*.

Prix de l'abonnement d'une année : France, 20 fr. — Étranger, 24 fr.

ABONNEMENT POUR LA SELLERIE-HARNAIS

comprenant par année :

Six planches de sellerie-harnais, demi-jésus, noir.

Prix de l'abonnement d'une année : France, 12 fr. — Étranger, 15 fr.

Nota. — Les abonnements pour la peinture et la sellerie-harnais sont expédiés par semestre.

ARTICLES EN MAGASIN

DESSINS DE VOITURES.

Mille modèles différents de voitures de luxe, de commerce et de services publics, du prix de, chacun :

Noir........................ 1 franc.
Colorié..................... 2 francs.

Excepté les grandes voitures de gala et les omnibus au-dessus de dix places, dont le prix varie suivant l'importance.

PLANCHES D'ÉPURES.

Prix chacune, depuis.......... 1 fr. 50 c.

ALBUMS POUR INSÉRER DES DESSINS DE VOITURES.

Pour 18 dessins,	ouvertures 21 cent.	sur 14 cent.,	reliure mouton	....	12 fr.
Pour 30 dessins,	— 21 cent.	— 14 cent.	— chagrin	....	22 fr.
Pour 50 dessins,	— 21 cent.	— 14 cent.	— —	....	30 fr.

MANUEL COMPLET DU PEINTRE EN VOITURES DE GASTELLIER

Traitant des impressions, couches d'apprêts, ponçage, préparation des caisses, mastics, couches de teintes, matières à employer pour la composition des teintes, liquides, composition, préparation et mélanges des matières, manière d'exécuter les fonds de peintures de diverses nuances, polissages, réchampissages, vernis en dernier ressort, etc., etc.

Prix en magasin.................. 3 fr.
Envoi par la poste pour la France.... 3 fr. 25
Envoi par la poste pour l'étranger... 3 fr. 50

ÉCHANTILLONS DE PEINTURES EXÉCUTÉS A LA MAIN

Il y a en magasin un immense choix de mille sortes d'échantillons des peintures les plus nouvelles, dont les réchampis, variés à l'infini, s'harmonisent parfaitement avec les nuances des fonds.

Prix : la demi-douzaine........... 3 fr.

LE CARNET DU PEINTRE EN VOITURES

PAR MM. B. THOMAS ET GASTELLIER.

Cet ouvrage est composé de soixante-quatre échantillons de peintures, savoir : 2 de couches d'apprêts, 2 de premières couches de teintes, 2 blancs, 1 gris-perle, 13 jaunes, 4 rouges, 2 violets, 6 bleus, 16 verts, 10 bruns, 2 noirs et 4 camaïeux, exécutés à la main par M. Gastellier. Ces échantillons renferment les plus belles peintures qui ont été exécutées depuis quarante ans. Les réchampis y sont variés de seize manières différentes et leurs couleurs sont choisies, autant qu'il était possible de le faire, pour donner le plus de variété possible sans nuire à l'harmonie qui doit exister entre les nuances du fond et du réchampis.

Ces soixante-quatre échantillons sont tous numérotés et renfermés dans un album en papier noir velouté semblable aux albums de photographie. Une brochure annexée à cet album donne l'ordre et le nombre de couches qu'il faut appliquer pour l'exécution de chaque peinture ainsi que la nature des matières et leurs proportions pour les peintures où elles sont mélangées.

Avec ces indications, il sera facile de reproduire exactement la nuance de ces échantillons ou de faire des nuances intermédiaires, puisqu'il n'y aura qu'à changer les proportions ou ajouter d'autres matières dont on connaît les nuances.

Aussi cet album est un véritable carnet d'atelier, un guide pratique qui s'adresse à tous les industriels de la carrosserie et à tous ceux que la peinture des voitures intéresse, ne serait-ce que pour faire un choix.

Prix du carnet................ 45 francs.

Le même carnet avec 60 échantillons, réduits d'un tiers.

Album papier blanc............ 25 francs.

PLANCHES DE SELLERIE-HARNAIS

Magnifique collection sur format raisin et grand-aigle, tirée sur papier de Chine et coloriée avec grand soin.

HARNAIS DESSINÉS PAR **LÉNÉ** ET **JANSON**, SELLIERS-HARNACHEURS

CHEVAUX DESSINÉS ET LITHOGRAPHIES PAR **ALBERT ADAM**, ARTISTE.

Tenue mixte de S. M. Napoléon III.............	5 fr.
Harnais à 1 cheval fort : deux, la pièce..........	5 —
— — plus léger.................	5 —
Couverture, petite et grande tenue, 4 pl. chacune.	5 —
Harnais de poste, deux chevaux...............	6 —
— de demi-poste avec selle.............	6 —
— de poste, quatre chevaux.............	20 —
— de sortie, deux chevaux..............	6 —
— de phaéton, deux chevaux............	6 —
Harnais de Daumont, quatre chevaux...........	20 fr.
— de demi-Daumont, deux chevaux........	6 —
— attelage à grandes guides, quatre chevaux	20 —
— attelage en tandem, deux chevaux......	20 —
— de jockey..........................	5 —
— de cérémonie, deux chevaux...........	6 —
— trotteur américain..................	5 —
— selle anglaise......................	5 —
— selle de dame......................	5 —

Les vingt-deux planches de harnais mentionnées ci-dessus, en couleur, reliées en album, grand format raisin, montées sur onglet et sur toile.. 150 fr.

Les mêmes planches en photographies collées sur bristol, reliées montées sur onglet et sur toile............ 35 fr.

PLANS DE VOITURES, DE CAISSES ET DE TRAINS

EN GRANDEUR D'EXÉCUTION.

Quoique l'administration du *Guide du Carrossier* ait cédé son atelier de plans en grandeur d'exécution à M. Albert Dupont, elle se charge toujours de recevoir les commandes qui lui sont adressées et de les transmettre à son successeur.

Observation importante. Toutes nos publications sans exception sont traitées avec le plus grand soin possible. La carrosserie est une industrie de luxe. En général ceux qui font usage de voitures ont des connaissances sur le dessin, sur la peinture. La première qualité qu'ils exigent d'un carrossier, et ils ne lui accordent leur confiance qu'à cette condition, c'est que ce soit un homme de bon goût. Celui-ci ne pourrait donc présenter sans inconvénient des planches, des dessins, ou des échantillons de peintures traités médiocrement, car, aux yeux de son client, il donnerait la preuve de son incapacité. Aussi notre maison n'a jamais reculé devant aucun sacrifice pour éditer ses ouvrages avec tout le luxe possible.

AVIS. — Pour tous les modes d'abonnement et les autres articles, envoyer avec la lettre de commande un mandat poste du montant; le talon remis au déposant lui sert de reçu.

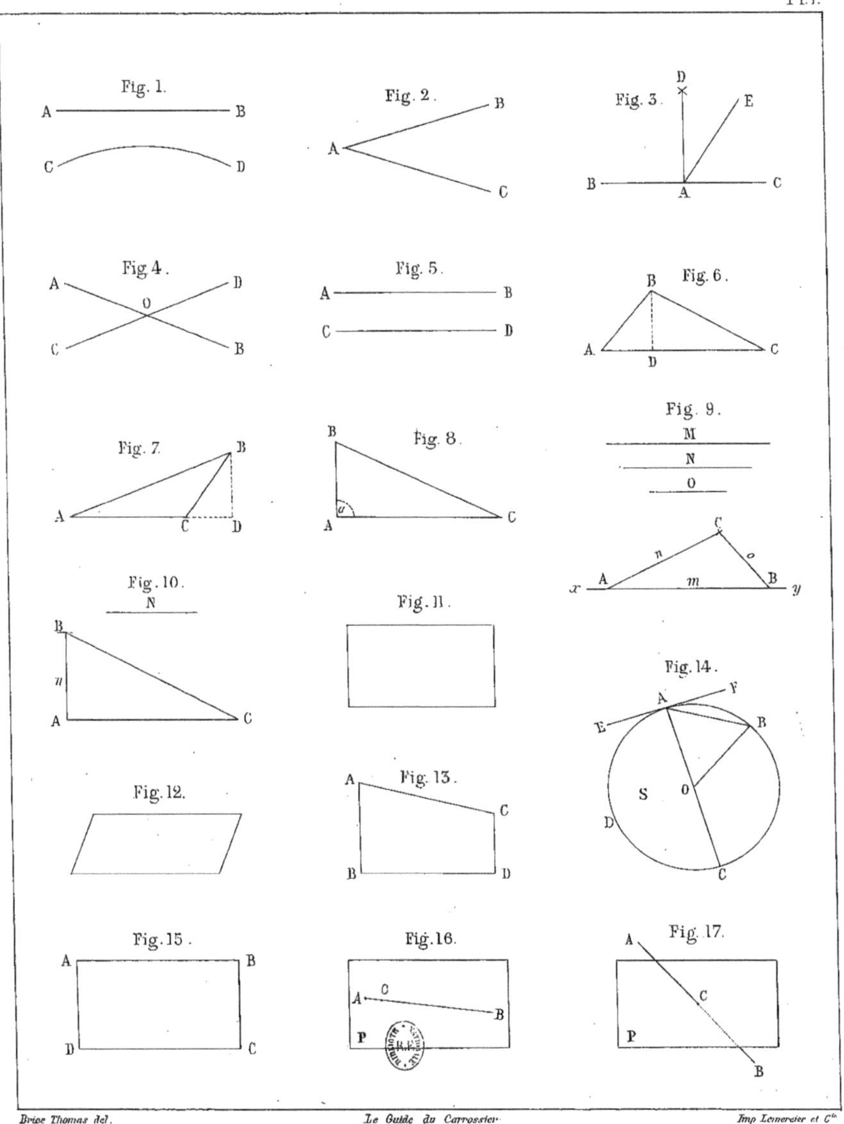
Fig. 1.
A B
C D
Fig. 2.
A B C
Fig. 3.
D E B A C
Fig. 4.
A D O C B
Fig. 5.
A B
C D
Fig. 6.
B A D C
Fig. 7.
A B C D
Fig. 8.
B A a C
Fig. 9.
M
N
O
x A n m C o B y
Fig. 10.
N
B n A C
Fig. 11.
Fig. 12.
Fig. 13.
A C B D
Fig. 14.
A F E B S O D C
Fig. 15.
A B D C
Fig. 16.
A C B P
Fig. 17.
A C P B

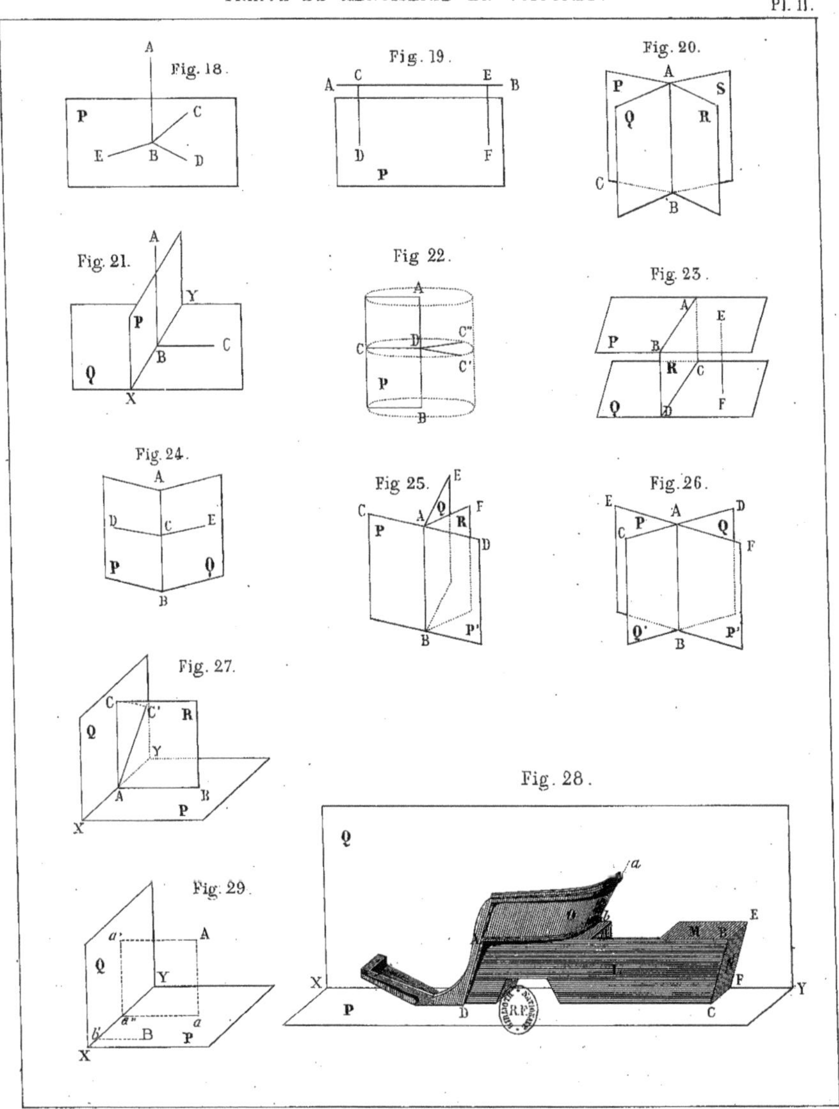
Fig. 18.
Fig. 19.
Fig. 20.
Fig. 21.
Fig 22.
Fig. 23.
Fig. 24.
Fig 25.
Fig. 26.
Fig. 27.
Fig. 28.
Fig. 29.

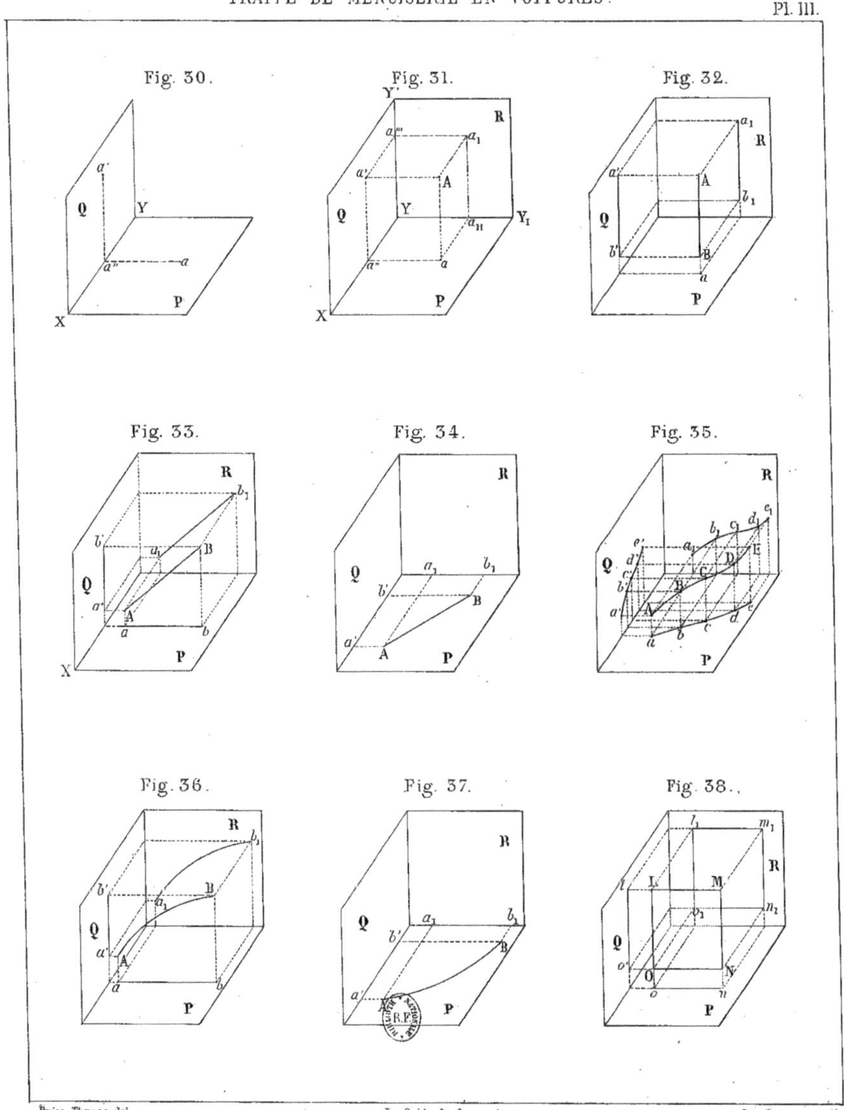

Fig. 30. Fig. 31. Fig. 32.

Fig. 33. Fig. 34. Fig. 35.

Fig. 36. Fig. 37. Fig. 38.

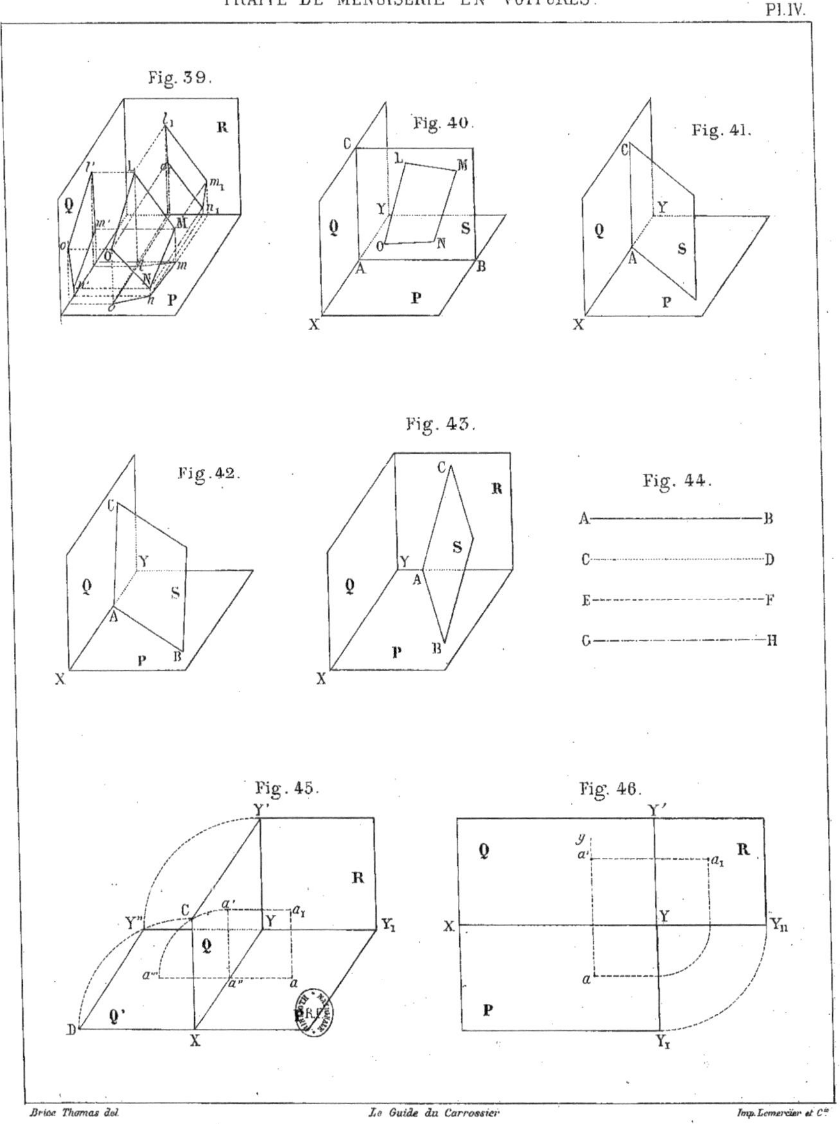
Fig. 39.
R
Q
P
Fig. 40.
C
L
M
Y
Q
S
O
N
A
B
P
X
Fig. 41.
C
Y
Q
S
A
P
X
Fig. 42.
C
Y
Q
S
A
P
B
X
Fig. 43.
C
R
S
Y
Q
A
P
B
X
Fig. 44.
A B
C D
E F
G H
Fig. 45.
Y'
R
Y''
C
a'
Y
a_1
Y_1
Q
a'''
a''
a
Q'
D
X
P
Fig. 46.
Y'
y
Q
a'
a_1
R
X
Y
Y_{II}
a
P
Y_I

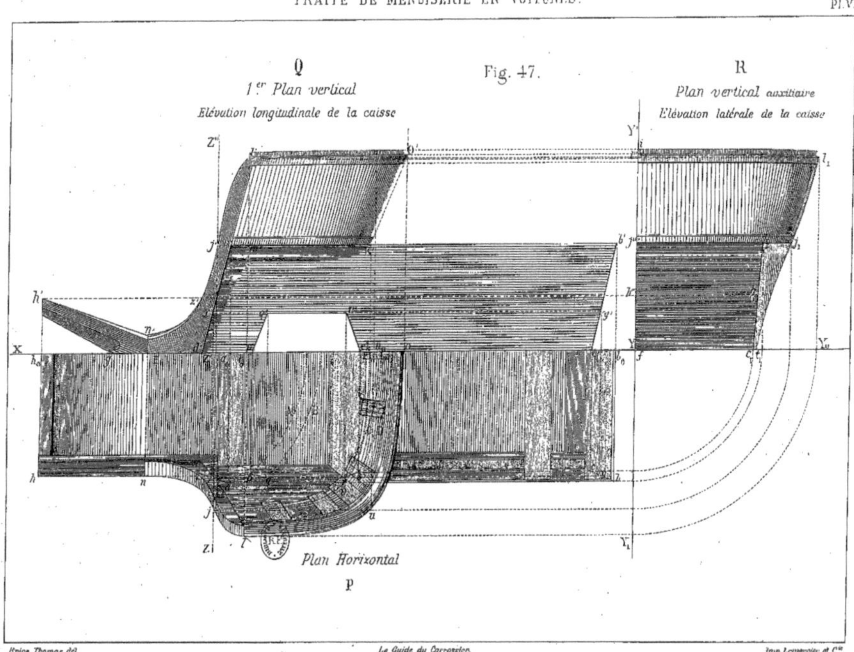
Q
1.er Plan vertical
Élévation longitudinale de la caisse
Fig. 47.
R
Plan vertical auxiliaire
Élévation latérale de la caisse
Plan Horizontal
P

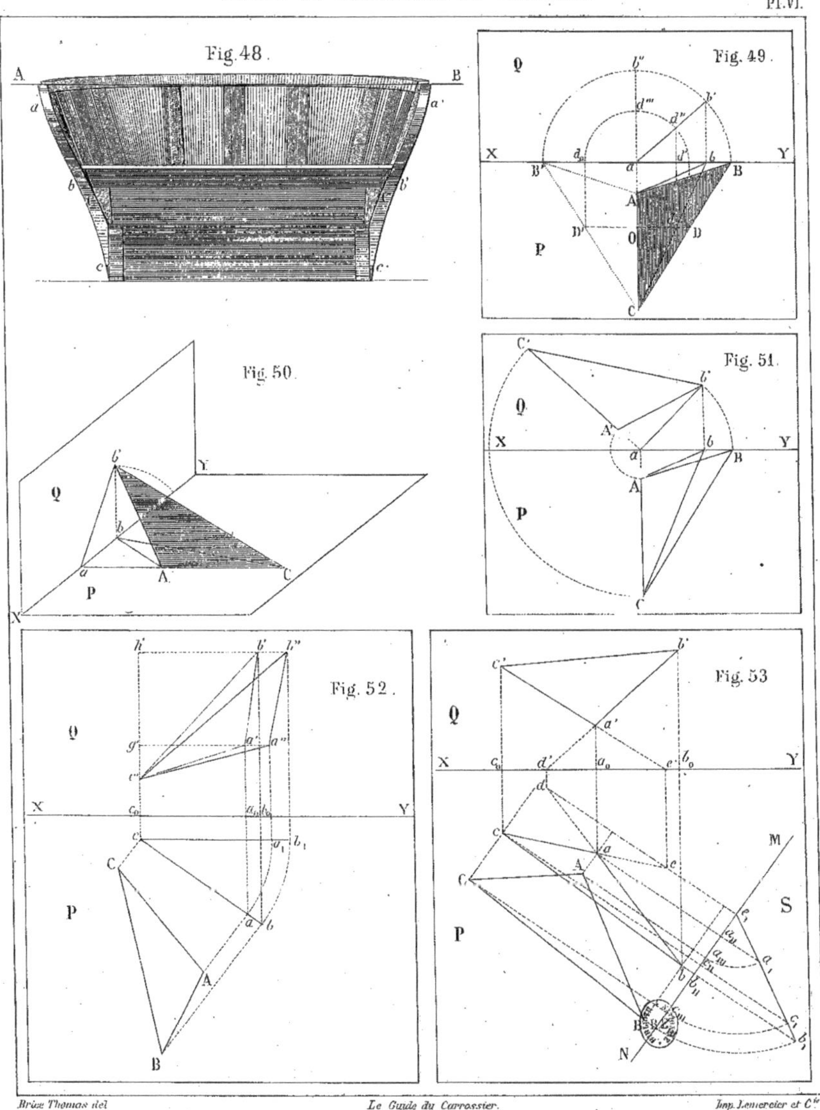
Fig. 48.
Fig. 49.
Fig. 50.
Fig. 51.
Fig. 52.
Fig. 53.

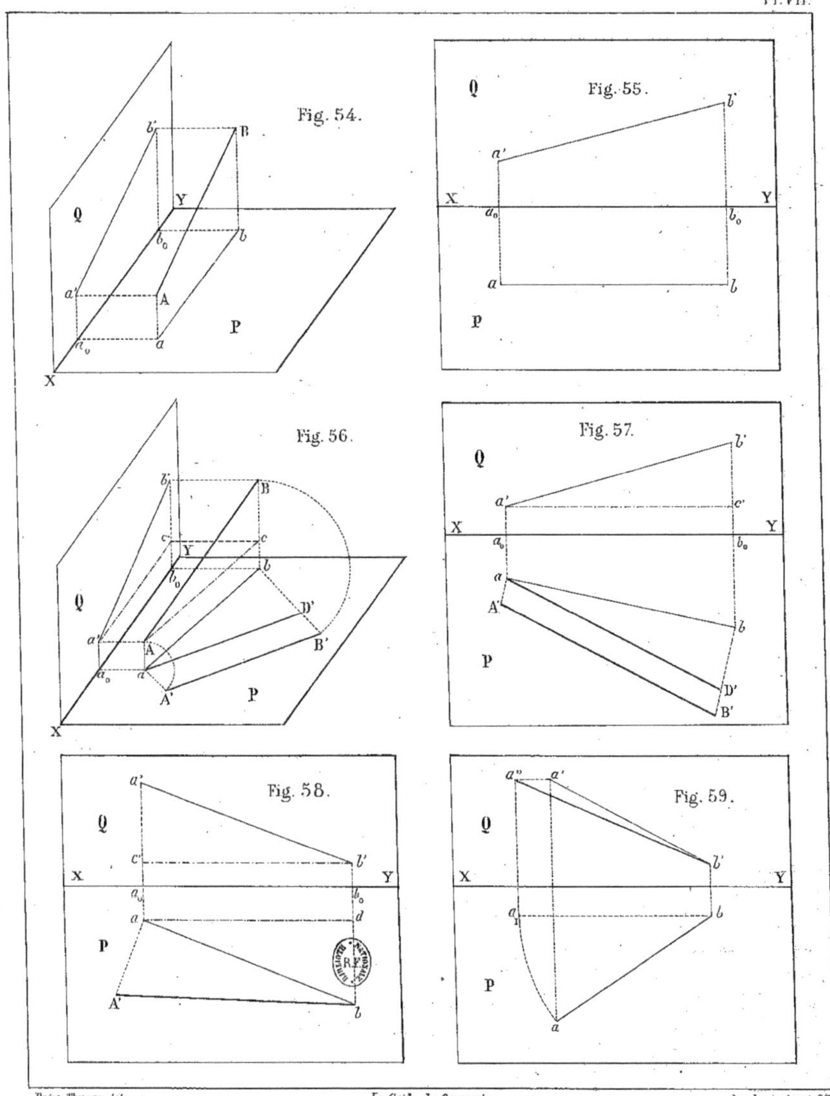
Fig. 54.
Fig. 55.
Fig. 56.
Fig. 57.
Fig. 58.
Fig. 59.
Q
P
X
Y
R.F.

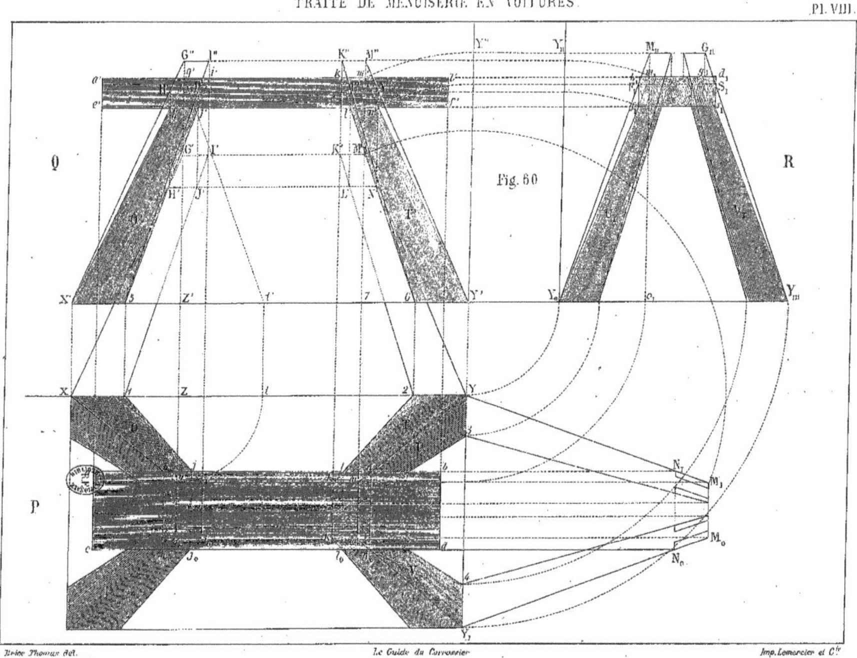
Fig. 60
Q
R
P

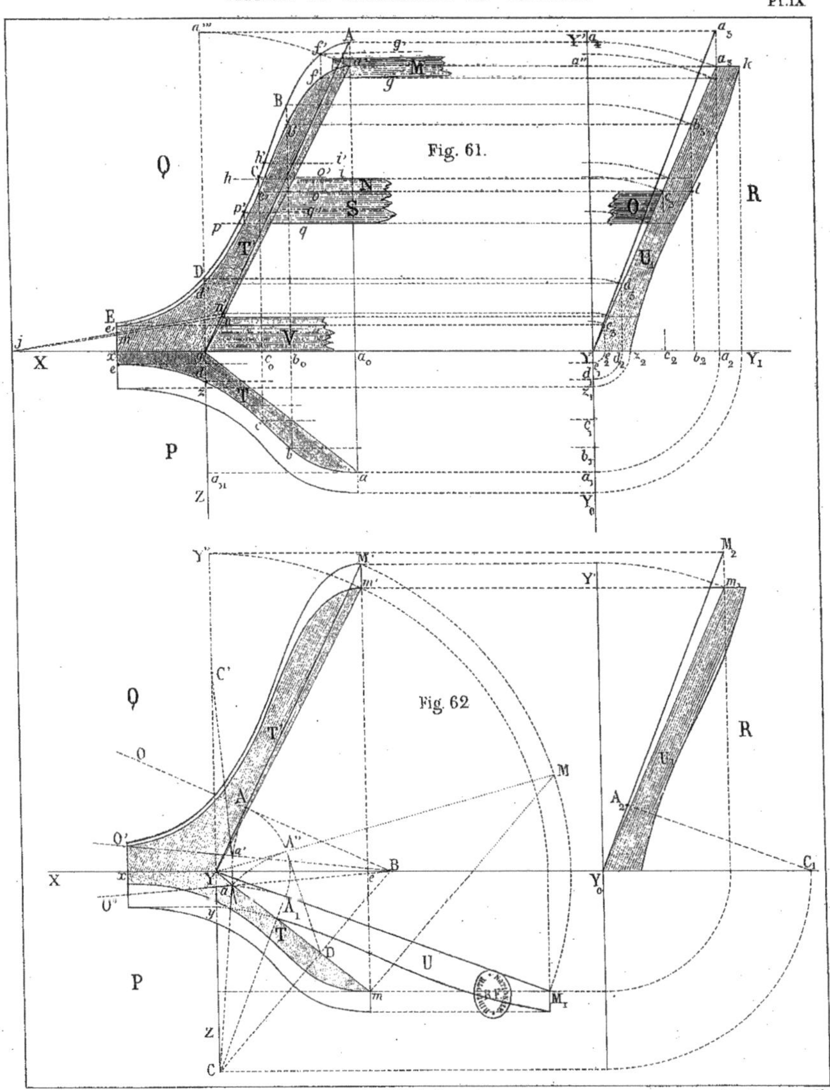
Fig. 61.
Fig. 62
Q
R
P
M
N
S
O
V
T
U
X
Y
Z

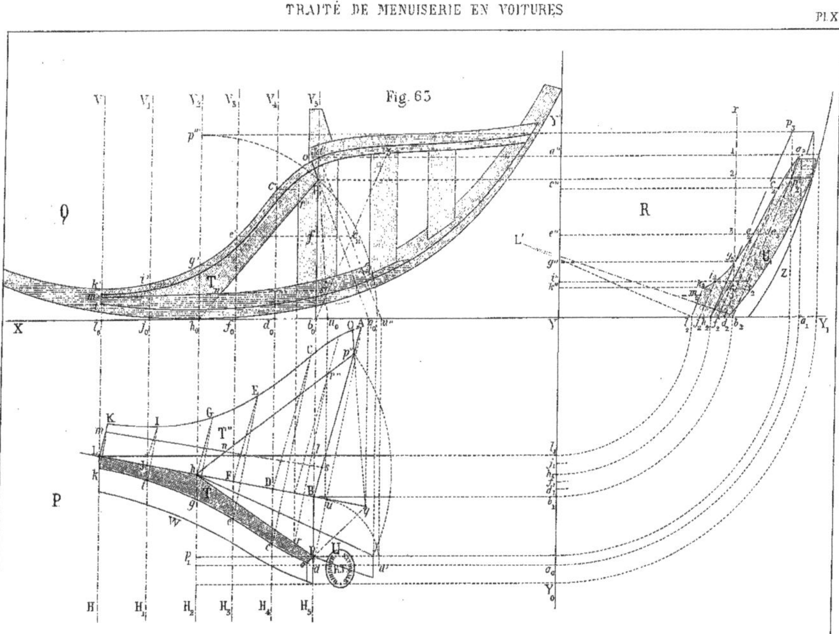

Brize Thomas dél. Le Guide du Carrossier Imp. Lemercier et Cie

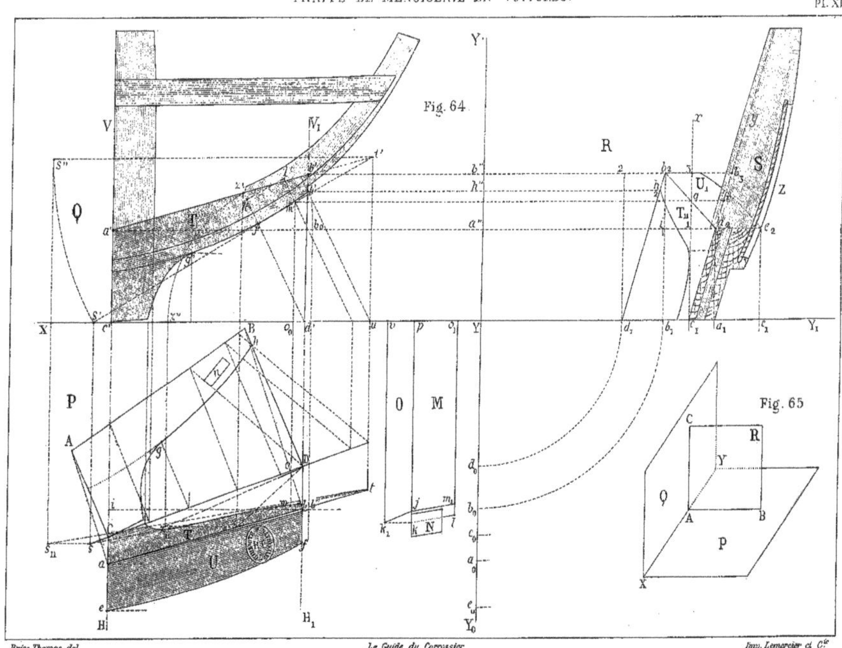

Brice Thomas del. Le Guide du Carrossier Imp. Lemercier et Cie

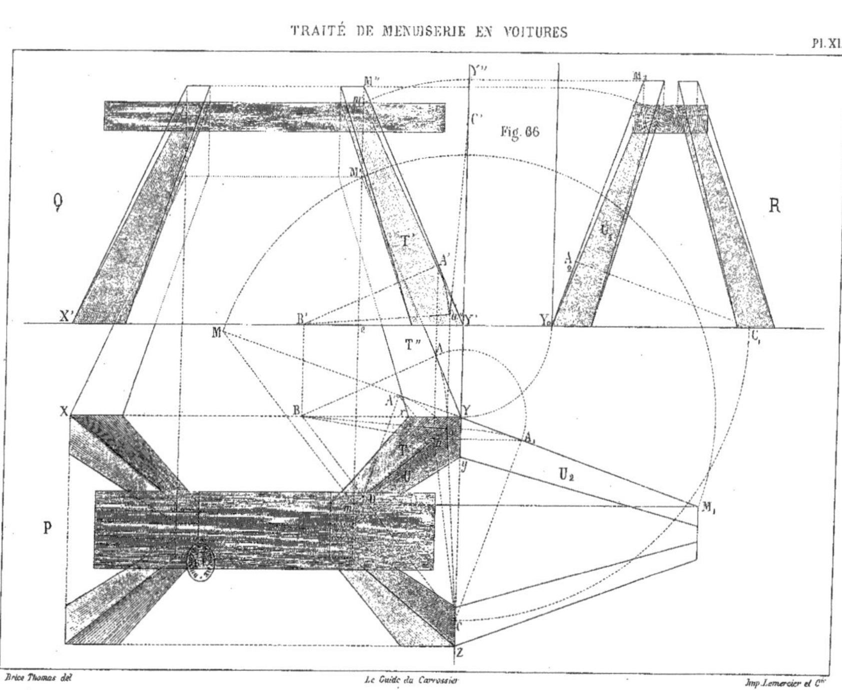
Fig. 66
Q
R
P
X'
X
Y
Z
M
B'
B
T'
T"
T
U
U₂
U₁
A'
A
A₁
A₂
M₁
M"
C'
C₁
Y"
Y'
Y₀

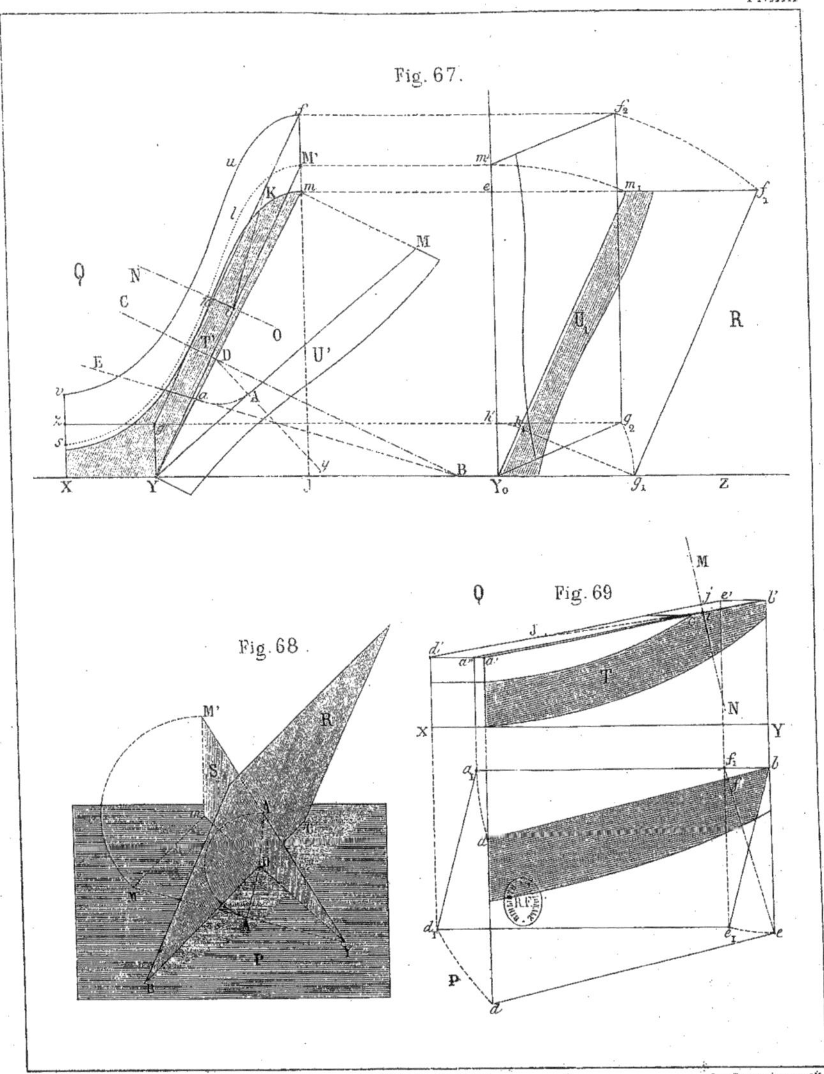

Brice Thomas del. Le Guide du Carrossier. Imp. Lemercier et Cie

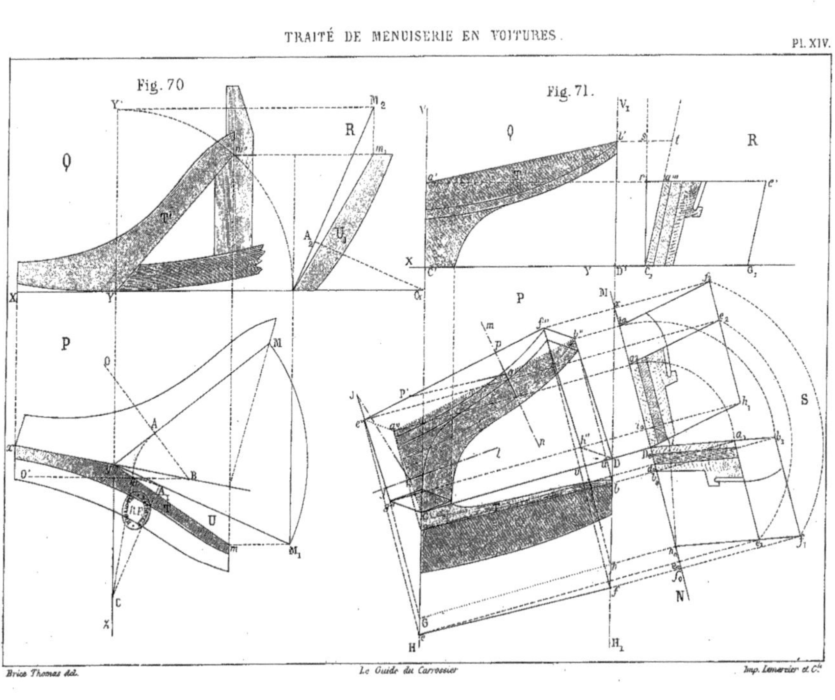
Fig. 70
Fig. 71.

ÉCHANTILLONS DE PEINTURES EXÉCUTÉS A LA MAIN

Il y a en magasin un immense choix de mille sortes d'échantillons des peintures les plus nouvelles, dont les réchampis, variés à l'infini, s'harmonisent parfaitement avec les nuances des fonds.

Prix : la demi-douzaine........... 3 fr.

LE CARNET DU PEINTRE EN VOITURES

PAR MM. B. THOMAS ET GASTELLIER

Cet ouvrage est composé de soixante-quatre échantillons de peintures, savoir : 2 de couches d'apprêts, 2 de premières couches de teintes, 2 blancs, 1 gris-perle, 13 jaunes, 4 rouges, 2 violets, 6 bleus, 16 verts, 10 bruns, 2 noirs et 4 camaïeux, exécutés à la main par M. Gastellier. Ces échantillons renferment les plus belles peintures qui ont été exécutées depuis quarante ans. Les réchampis y sont variés de seize manières différentes et leurs couleurs sont choisies, autant qu'il était possible de le faire, pour donner le plus de variété possible sans nuire à l'harmonie qui doit exister entre les nuances du fond et du réchampis.

Ces soixante-quatre échantillons sont tous numérotés et renfermés dans un album en papier noir velouté semblable aux albums de photographie. Une brochure annexée à cet album donne l'ordre et le nombre de couches qu'il faut appliquer pour l'exécution de chaque peinture ainsi que la nature des matières et leurs proportions pour les peintures où elles sont mélangées.

Avec ces indications, il sera facile de reproduire exactement la nuance de ces échantillons ou de faire des nuances intermédiaires, puisqu'il n'y aura qu'à changer les proportions ou ajouter d'autres matières dont on connaît les nuances.

Aussi cet album est un véritable carnet d'atelier, un guide pratique qui s'adresse à tous les industriels de la carrosserie et à tous ceux que la peinture des voitures intéresse, ne serait-ce que pour faire un choix.

Prix du carnet................ 45 francs.

Le même carnet avec 60 échantillons, réduits d'un tiers.

Album papier blanc............ 25 francs.

PLANCHES DE SELLERIE-HARNAIS

Magnifique collection sur format raisin et grand-aigle, tirée sur papier de Chine et coloriée avec grand soin.

HARNAIS DESSINÉS PAR **LÉNÉ** ET **JANSON**, SELLIERS-HARNACHEURS

CHEVAUX DESSINÉS ET LITHOGRAPHIES PAR **ALBERT ADAM**, ARTISTE.

Tenue mixte de S. M. Napoléon III	5 fr.
Harnais à 1 cheval fort : deux, la pièce	5 —
— — plus léger	5 —
Couverture, petite et grande tenue, 4 pl. chacune	5 —
Harnais de poste, deux chevaux	6 —
— de demi-poste avec selle	6 —
— de poste, quatre chevaux	20 —
— de sortie, deux chevaux	6 —
— de phaéton, deux chevaux	6 —
Harnais de Daumont, quatre chevaux	20 fr.
— de demi-Daumont, deux chevaux	6 —
— attelage à grandes guides, quatre chevaux	20 —
— attelage en tandem, deux chevaux	20 —
— de jockey	5 —
— de cérémonie, deux chevaux	6 —
— trotteur américain	5 —
— selle anglaise	5 —
— selle de dame	5 —

Les vingt-deux planches de harnais mentionnées ci-dessus, en couleur, reliées en album, grand format raisin, montées sur onglet et sur toile.. 150 fr.

Les mêmes planches en photographies collées sur bristol, reliées montées sur onglet et sur toile............ 35 fr.

PLANS DE VOITURES, DE CAISSES ET DE TRAINS

EN GRANDEUR D'EXÉCUTION.

Quoique l'administration du *Guide du Carrossier* ait cédé son atelier de plans en grandeur d'exécution à M. Albert Dupont, elle se charge toujours de recevoir les commandes qui lui sont adressées et de les transmettre à son successeur.

Observation importante. Toutes nos publications sans exception sont traitées avec le plus grand soin possible. La carrosserie est une industrie de luxe. En général ceux qui font usage de voitures ont des connaissances sur le dessin, sur la peinture. La première qualité qu'ils exigent d'un carrossier, et ils ne lui accordent leur confiance qu'à cette condition, c'est que ce soit un homme de bon goût. Celui-ci ne pourrait donc présenter sans inconvénient des planches, des dessins, ou des échantillons de peintures traités médiocrement, car, aux yeux de son client, il donnerait la preuve de son incapacité. Aussi notre maison n'a jamais reculé devant aucun sacrifice pour éditer ses ouvrages avec tout le luxe possible.

AVIS. — Pour tous les modes d'abonnement et les autres articles, envoyer avec la lettre de commande un mandat poste du montant; le talon remis au déposant lui sert de reçu.